図解 眠れなくなるほど面白い

認知バイアス

國學院大學教授／情報文化研究所所長

高橋昌一郎

日本文芸社

はじめに

一般に「バイアス（ｂｉａｓ）」とは、織り目に対して斜めに切った布の切れ端のことで、そこから「かさ上げ・偏《かたよ》り・歪《ゆが》み」を指すようになった言葉である。よく耳にする「バイアスが掛かっている」という言い方は、「偏った見方をしている」ときに使う。

そこで「認知」の「バイアス」を示す「認知バイアス（ｃｏｇｎｉｔｉｖｅ ｂｉａｓ）」という言葉は、偏見や先入観、固執断定や歪んだデータ、一方的な思い込みや誤解などを幅広く指すときに使用されるようになった。

いわゆる「信念バイアス」や「確証バイアス」など、広義の「認知バイアス」に分類される用語は数百以上存在するが、意味や用法が曖昧《あいまい》であったり、重複した意味内容であったりするようなものも多い。

私が監修した２冊の『認知バイアス事典』（フォレスト出版）では、第１巻「論理学・認知科学・社会心理学」および第２巻「行動経済学・統計学・情報学」の６つの学問分野で、各々の分野の専門研究者と何度もミーティングを重ね、各分野から代表的な20項目を厳選することによって、結果的に１２０項目の「認知バイアス」にまとめてある。

さて、本書は「第１章　個人の意識と認知バイアス」、「第２章　人間関係と認知バイアス」、「第３章　社会生活と認知バイアス」、「第４章　認知バイアスとのつき合い方」の４つの章によって構成されている。まず「認知バイアス」を個人として意識し、次に個人対個人の人間関係で生じる「認知バイアス」に進み、さらに組織や集団の社会生活における「認知バイアス」に拡張し、最後に現代社会において「認知バイアス」といかに向き合っていけばよいのかを説明する。

つまり本書は、一般の社会人が現実に生活する中で具体的かつ直接的に役立つ50項目以上の「認知バイアス」を「解説」と「イラスト」の見開きでコンパクトにまとめてあるわけで、その意味では、他に類を見ない明快な「認知バイアス」の入門書に仕上がっていると思う。

本書の最後には「認知バイアスに陥らないために」という私のインタビュー記事が掲載されているが、ここでは実際に「認知バイアス」に対処するために必要な「論理的思考」について述べている。

私たちが何かを判断するとき、「認知バイアス」は、その判断を誤らせる大きな原因になる。とくに、周囲が論理的に考えて「異常」な判断だとみなしているにもかかわらず、本人は「正常」な判断をしていると思い込んでいるときには、その本人とコミュニケーションをとることさえ困難になる。

そこで、「詭弁《きべん》・暴言・論破」のような「認知バイアス」に打ち勝つために私が創始し開発したのが「ロジカルコミュニケーション」である。本書で「認知バイアス」の基本を理解してくださった読者には、ぜひ「認知バイアス」に対処するための『ロジカルコミュニケーション』（フォレスト出版）を続けて読んでいただけたら幸いである。

國學院大學教授／情報文化研究所所長・**高橋昌一郎**

もくじ

第3章　社会生活と認知バイアス

第4章 認知バイアスとの付き合い方

第1章

個人の意識と認知バイアス

chapter 01

▼認知バイアスとはいったい何か？▲

認知バイアス・アンカリング

日常に見られる「認知の歪み」

あなたがマンションを買おうと考え、不動産業者と話したとしましょう。そこで、7000万円という価格を提示されたらどう思うでしょうか？ もちろん、場所や広さにもよりますが、想定していた価格を超えていれば「高いな」と感じることでしょう。

しかし、その前提として、不動産業者から「このあたりの物件の相場は1億円」と聞いていたら、受ける印象は「安い」となるでしょう。

実は、これこそ、**認知バイアスの代表例「アンカリング」の効果なのです。**

最初に聞いた「1億円」という価格が、**船の錨（アンカー）のように頭に残り、それを基準に評価が変わってしまうのです。**

このアンカリングのように、**何らかの情報によって認知が歪められることを「認知バイアス」といいます。**

「認知」とは、視覚や聴覚などの五感を使って情報を得て、それが何かを知ること。「バイアス」は、かさ上げ、偏《かたよ》り、歪《ゆが》みによって、偏った見方をすることを意味します。つまり、**「認知バイアス」とは、偏見や先入観、一方的な思い込みや誤解などを幅広く指す言葉といえます。**

認知バイアスを知ることによって、より合理的に思考し、日常生活を円滑に送ることができるようになるのです。

認知バイアスの意味と代表例

認知

目で見る、耳で聞くなど、五感の情報から、脳が処理をすること

バイアス

「かさ上げ・偏り・歪み」を指す言葉
主に偏った見方をしているときに使う

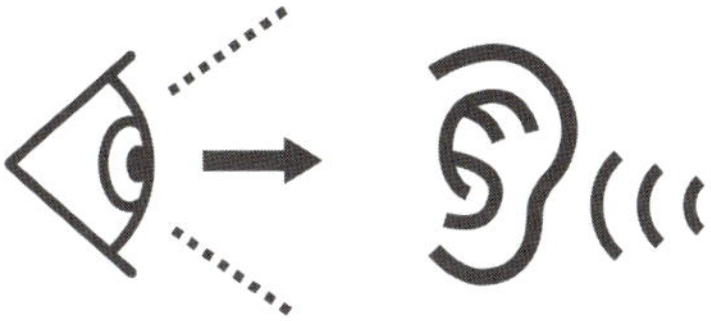

B
A

認知バイアスとは

偏見や先入観、固執断定や歪んだデータ、一方的な思い込みや誤解などを幅広く指す

認知バイアスの代表例「アンカリング」

5,000円
高いな

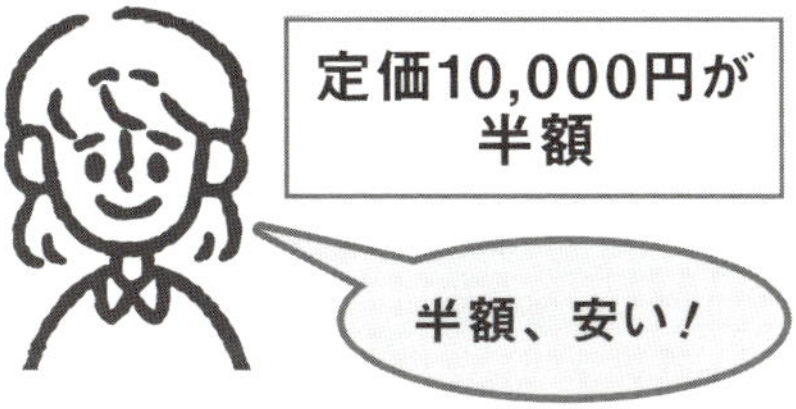
定価10,000円が半額
半額、安い！

10,000円という金額が、まるで船の錨(アンカー)のように頭に残り、次の判断に影響を与えてしまう

↓

本質的ではない、もしくは無意味な情報が判断に影響を与えることをアンカリングという

参考文献

Daniel Kahneman,"Thinking,Fast and Slow"2011.[ダニエル・カーニマン(村井章子訳)『ファスト＆スロー：あなたの意思はどのように決まるのか？』早川書房、2012年。]

Matteo Motterlini,"Trappole Mentali,"Come Difendersi Dalle Proprie Illusioni E Dagli Inganni Altrui,2008.[マッテオ・モッテルリーニ(泉典子訳)『世界は感情で動く：行動経済学からみる脳のトラップ』紀伊國屋書店、2009年]

Richard Thaler,Cass Sunstein,"Nudge：Improving Decisions About Health,Wealth,and Happiness,"Penguin Books,2009.[リチャード・セイラー、キャス・サンスティーン(遠藤真美訳)『実践 行動経済学』日経BP、2009年。]

chapter 02

▼なぜ認知バイアスがあるの？▲

認知バイアス

認知バイアスは生きるための副産物

　現実と認知にズレが起きる認知バイアスが、なぜ発生するのでしょうか？　それは、いってみれば**「人間が生きていくための副産物」だからです。**人間は頭で考えて行動する生き物ですが、物事をすべて論理的にしっかり検討しているわけではありません。そんなことをしていては時間がかかりすぎるうえ、脳への負担も過大になってしまいます。そのため、普段は直感的や反射的に物事を判断し、行動しています。

　たとえば、危険な動物と出会ったら逃げるし、腹が減ってくれば食べ物を手に入れようとします。また、眠くなれば寝るし、体が調子悪いときは休もうとします。これらはいちいち論理的に考えながら行動しているのではなく、自然と無意識的に行動しています。

　ただ、このような思考は、現実と認識にズレを生んでしまうこともあります。危険な動物と思ったらそうでもなかったり、美味しそうに見えた物が実は食べられない物だったりと、**現実をつねに正確に認識できるわけではありません。これこそが、認知バイアスの正体なのです。**

　そのため、人間が生きていくうえで、認知バイアスはつきものといえます。認知バイアスを「よくないことだ」と否定するのではなく、認知バイアスは必ず存在するものと捉え、それをうまく制御していくことが大事なのです。

生きていくうえで認知バイアスは必ず発生する

「熊＝危険」ととっさに判断

食べられそうな物を瞬時に判断

↓

いちいちじっくり検討することなく直感的に判断して行動する

↓

脳に負担をかけすぎずに生きていくための機能

ただし…

熊が好戦的とは限らない

食べられる物とは限らない

↓

直感的な判断に間違いは付きもの

↓

認知バイアスが発生

参考文献

藤田政博『バイアスとは何か』ちくま書房、2021年。

chapter 03

思考システムは2つある

意思決定プロセス

2つの思考を駆使して生きている

人間の思考には、直感的や無意識的に判断する思考と、じっくり検討して論理的に答えを導き出す思考の2種類があります。このことは、ダニエル・カーネマンとエイモス・トベルスキーの2人の心理学者が提唱し、世の中に広まりました。それまで、伝統的な経済学では「人間は合理的に考えて行動する」と考えられてきましたが、目先の得にとらわれたり、損失をことさらに嫌ったりと、うまく説明できない現象もいろいろありました。彼らはこうした行動を心理学の観点から説明し、行動経済学の基礎を築きました。このとき、人間の思考が2種類あるという考え方が示されたのです。

この2つの思考は、「システム1」と「システム2」と呼ばれます。**システム1は直感的や無意識的に判断する思考**で、脳に負担をかけずに素早い判断ができますが、認知バイアスを生む原因にもなります。一方、**システム2は論理的に答えを導き出す思考**で、脳に負担をかけて時間も要しますが、現実をより正確に認識して合理的な判断ができます。我々は、この2つの思考を使い分け、ときには同時に使って、情報を処理しているのです。**普段は基本的にシステム1を使って生活していますが、深い検討や注意力が必要になったときにはシステム2を使い、物事の対処にあたっています。**

直感的なシステム1と論理的なシステム2

システム1

直感的
無意識的
思考に負荷をかけない
情報を瞬時に処理

認知バイアスが起きやすい

例

・先入観で物事を判断する
・とっさに対応する
・なんとなく思いつきで決める

システム2

論理的
意識的
思考に負荷がかかる
情報の処理に時間がかかる

認知バイアスが起きにくい

例

・よく検討してから行動する
・1つのことに集中する
・知識や記憶を活用する

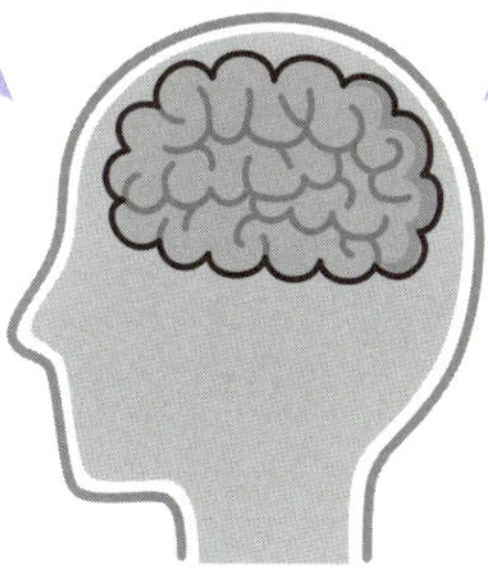

2つのシステムを使い分け、ときには同時に使って情報を処理している

参考文献

Tversky,A.;Kahneman,D."Judgment under uncertainty: Heuristics and biases".Science 185 (4157):1124?1131,1974.
ケン・マンクテロウ（服部雅史・山祐嗣訳）『思考と推論：理性・判断・意思決定の心理学』北大路書房、2015年。

chapter 04

▼認知バイアスの代表例▲

ヒューリスティック

人間が生きていくための力だが……

認知バイアスを生む直感的な思考のシステム1について12ページで紹介しましたが、この**思考によって情報を処理する方法は「ヒューリスティック」と呼ばれます。**経験や先入観に基づいて物事をできるだけ簡単に素早く判断するこのヒューリスティックは、人間が生きていくうえでとても大事な能力です。ただ、実用的ではあるものの判断の正確さに欠けることから、認知バイアスを生む原因であるのも確かです。

とくに身近なものの1つに「代表的ヒューリスティック」があります。これは、1つの特徴を見て全体をまとめて判断してしまう思考のこと。たとえば、スポーツ選手を見て「体力がありそう」、「お金を稼いでいそう」と思ったり、遅刻してきた人を見て「だらしない人だ」、「仕事もできなさそう」と短絡的に思ってしまうのが代表的ヒューリスティックです。世の中にはその先入観に当てはまらない人もいるのに、「〇〇な人はこうだ」と認知バイアスが働いた目で判断してしまうことで、場合によっては差別につながることもあります。

ほかにも、感情ヒューリスティック（66ページ）や、知識があることで判断を狂わせてしまう再認ヒューリスティックなどが存在します。自分がヒューリスティックによって物事を判断していないか、注意が必要です。

ヒューリスティックが認知バイアスを生む

ヒューリスティック ＝直感的に物事を判断する仕組み

→ 12ページの「システム1」と同義

代表的ヒューリスティック

対象をそのカテゴリーの代表例として
判断してしまうヒューリスティック

**人を見た目で判断する、属性でまとめてしまうなど
認知バイアスの原因に**

感情ヒューリスティック

好き嫌いによって判断が
歪んでしまうヒューリスティック

66ページ

再認ヒューリスティック

生半可な知識があることで判断を
狂わせてしまうヒューリスティック

参考文献

Daniel Kahneman and Tversky, “Subjective Probability: A Judgment of Representativeness,” Cognitive Psychology: 3, 430-454, 1972.
御領謙／菊地正／江草浩幸／伊集院睦雄／服部雅史／井関龍太『最新　認知心理学への招待　改訂版』サイエンス社、2016年。
服部雅史／小島治幸／北神慎司『基礎から学ぶ認知心理学：人間の認識の不思議』有斐閣（有斐閣ストゥディア）、2015年。

chapter 05

先入観が否定の情報を遠ざける理由

確証バイアス

多くの人が陥る認知バイアス

自分の意見や考えに合う情報ばかり見て、それに合わない情報は見ない……という状態になったことはありませんか？　これは**「確証バイアス」といって、現実を客観的に捉えられなくなる認知バイアスの1つです。**

たとえば、自分がリニア中央新幹線の建設に反対の考えを持っている場合、工事にともなうトラブルなどネガティブなニュースばかり見て、開通後を見据えた街づくりの情報などは読み飛ばしてしまったりします。そして、反対意見ばかり目にした結果、「大半の人はリニア中央新幹線の建設に反対している」と思ってしまうことにも。こうして先入観によって、物事を客観的に見られなくなってしまうのです。

この確証バイアスに関しては、イギリスの心理学者ピーター・ウェイソンの「4枚カード問題」が有名です。詳細は次のページの下部を参照していただきたいのですが、大学生を対象とした研究でも正答が1割程度しかなく、ほとんどの人が確証バイアスのかかった誤答を選んでしまうことが示されています。いかに確証バイアスが身近なものかよくわかると思います。

つまり、**なんとなく先入観で物事を見ているとき、そこには確証バイアスが存在している可能性が高いわけです。普段から確証バイアスをつねに疑っておいたほうがよいでしょう。**

自分が求める情報しか見なくなる

確証バイアス ＝ 自分の説に合う情報にだけ注意が向き それ以外の情報を見なくなってしまう現象

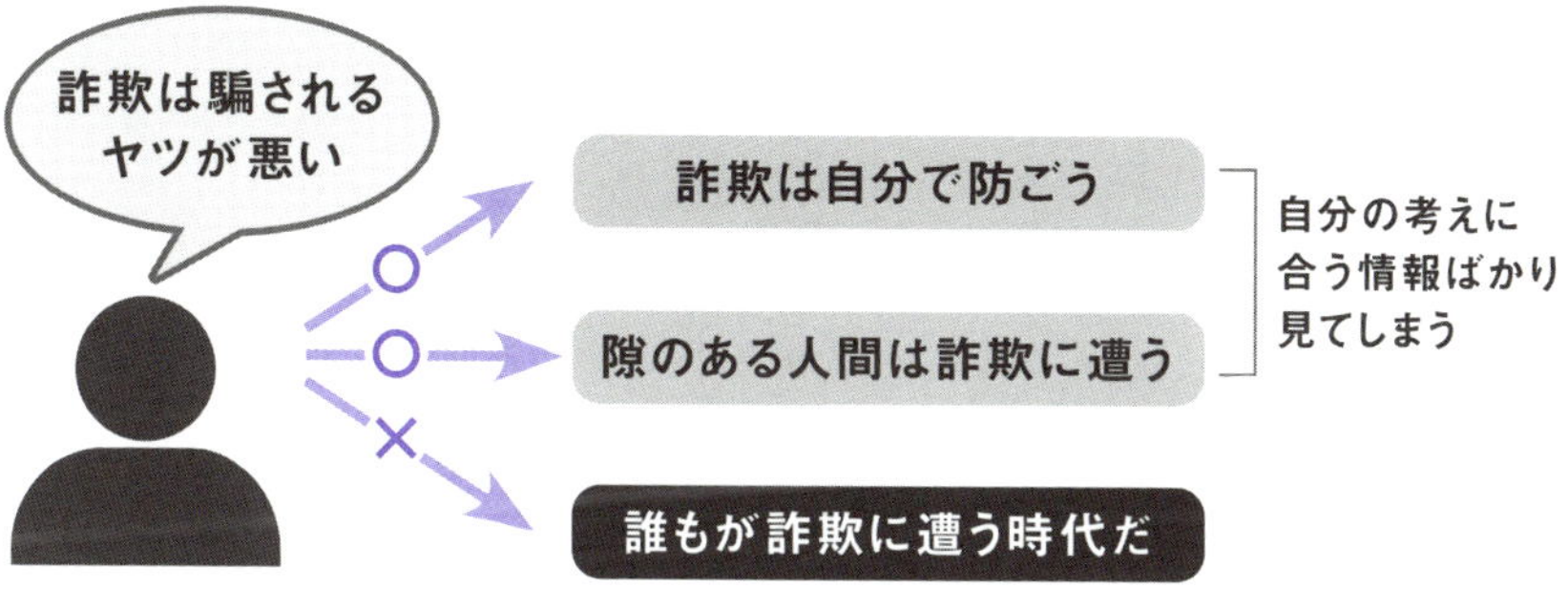

詐欺は騙される ヤツが悪い
○
○
×
詐欺は自分で防ごう
隙のある人間は詐欺に遭う
誰もが詐欺に遭う時代だ
自分の考えに 合う情報ばかり 見てしまう

知らないうちに考え方が偏っていく危険が！

確証バイアスがよくわかる「4枚カード問題」

▼4枚のカード▼

A　K　4　7

各カードは片面に英字、
もう片面に数字が書かれている

問題

「母音の裏面は必ず偶数」という仮説を確かめるために、最小限のカードを選べ

誤答 母音の「A」と偶数の「4」の裏を確かめる

「仮説が正しい」ことを確かめたくなる
※「4」の裏は母音でも子音でもよいので確かめる必要がない

➡ **確証バイアス**

正答 母音の「A」と奇数の「7」の裏を確かめる

仮説に反する例（母音の裏が奇数）がないかを確かめる

参考文献

Peter Wason, “Reasoning,”edited by Brian Foss, New Horizons in Psychology: 1, Penguin Books, 1966.
内村直之／植田一博／今井むつみ／川合伸幸／嶋田総太郎／橋田浩一『はじめての認知科学』新曜社, 2016年。

chapter
06

一度ハマると抜けられない

ギャンブラーの誤謬《ごびゅう》

賭け事に熱くなると認知が狂う

賭け事で負けが続いたとき、「次こそは勝てるはず」と熱くなって泥沼にはまったことはありませんか？　こういう状態になると冷静な判断ができなくなり、「もう１回」、「もう１回」となかなかやめられなくなってしまうもの。**これは「ギャンブラーの誤謬《ごびゅう》」という認知バイアスに陥った状態なのです。**

たとえば１０００分の１の確率でアタリが出るパチンコ台で、１０００回もハズレが続いたとしたら、そろそろアタリが来ると思うかもしれません。しかし、次にアタリが出る確率はあくまでも１０００分の１であり、それまで何千回はずれ続けようと当たりやすくなるわけではありません。**ギャンブラーの誤謬に陥ると、そのことを忘れて「そろそろアタリが来るはず」と、ついつい勝負を続けてしまうのです。**

これはギャンブルに限った話ではなく、株式やＦＸなどの投資にもいえることです。相場が下がっているときに「そろそろ上がるはず」と買いを入れていたら、さらに暴落した……というケースも珍しい話ではありません。

このように、負けや損が続いて「次こそは」とむきになっているときは、ギャンブラーの誤謬を思い出してみてください。**勝負をいったんやめて冷静に考え直してみると、次に打つべき最善の手が見つかるはずです。**

本来の確率を見誤って勝負にのめり込む

ギャンブラーの誤謬 ＝ 「次こそはアタリが来る」と思って本来の確率を見誤ってしまう心理

ハズレ ハズレ ハズレ ハズレ ……

これだけハズレが続いたあとは
必ずアタリが来るはず！

どれだけハズレが続こうが次に
アタリが出る確率はつねに変わらない

1回目 2回目 3回目 4回目

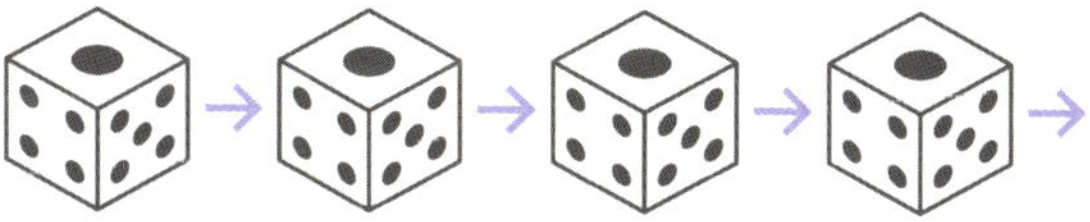

5回目も  が出る?

5回連続で1が出る確率は…… $\frac{1}{6}$の5乗＝約0.01％

次は  が出るわけがない

次に  が出る確率はつねに1/6

過去の結果は未来に影響しない

参考文献

Bowell Tracy and Kemp Gary, Critical Thinking: A Concise Guide, Routledge, 2015.
市川伸一（編）『認知心理学4：思考』東京大学出版会、1996年。
服部雅史／小島治幸／北神慎司『基礎から学ぶ認知心理学：人間の認識の不思議』有斐閣（有斐閣ストゥディア）、2015年。

chapter 07

ダメと言われるとやりたくなるのはナゼ？

心理的リアクタンス

自由を取り戻そうとする心理

「入っちゃダメ」と言われると逆に入ってみたくなる、という心理が人にはあります。入ってはいけないと頭でわかっていても、「入っちゃダメ」と言われるとその判断が揺らいでしまう……これは**「心理的リアクタンス」**という現象で、認知バイアスの1つです。

なぜダメと言われると逆にやりたくなってしまうのでしょうか。それは、**本来あるべき選択や行動の自由を制限されたときに、その自由を取り戻そうとする心理が働くからです。**入ろうと思えば入れるのに「入っちゃダメ」と制限されることで、それに抗《あらが》う反発心が生まれて、むしろ入りたくなってしまうわけです。

同様に、「〇〇しなさい」と言われると逆にやりたくなくなるのも心理的リアクタンスです。「ちゃんと勉強しなさい」と言われて、かえって勉強する気が失せてしまった経験はありませんか？　これも行動の自由を制限されることで、その自由を回復しようとする心理です。

そのほか、手に入りにくいものほど逆に欲しくなるのも心理的リアクタンスの一種ですが、これについては106ページで紹介します。

以上のように、**本来あるべき自由に制限がかかると、判断力に影響が出てしまいます。言われたことに抗いたくなったときは、心理的リアクタンスを一度疑ってみましょう。**

自由を制限されると判断力が欠如する

心理的リアクタンス ＝ 自由を制限されるとむしろそれに逆らいたくなる心理

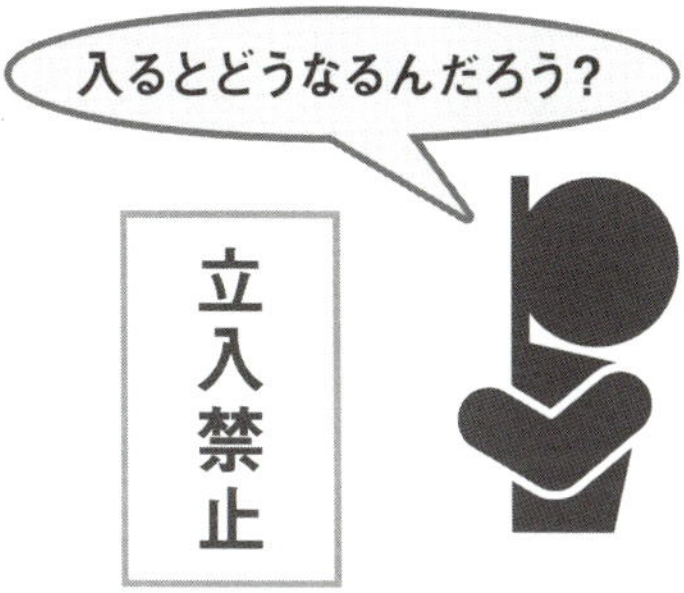

禁止されるとむしろ
立ち入ってみたくなる

命令されると自由を侵害
された気がして抵抗したくなる

心理的に判断を誤りやすい ➡ **認知バイアス**

希少性に惹かれるのも心理的リアクタンスの一種

入手する自由が制限されることで
より欲しくなる

⬇

正常な判断力を失いやすい

参考文献

Jack Brehm, A Theory of Psychological Reactance, Academic Press, 1966.
Daniel Kahneman and Amos Tversky, “Prospect Theory: an Analysis of Decision Under Risk,” Econometrica: 47, 263-291, 1979.
深田博己（編著）『説得心理学ハンドブック』北大路書房、2002年。

chapter 08

失敗するぐらいなら今のままでよいと思う理由

現状維持バイアス

損が気になって判断が消極的に

あなたは投資と貯金のどちらが好きでしょうか？　投資は成功すれば儲かる半面、失敗すれば資産が減ってしまいます。それに対して貯金は、微々たるプラスしかないものの元本は保障されます。野村アセットマネジメント株式会社の２０２０年の調査によると、日本国内で株式や投資信託を保有する人は全体の26％しかいないそうです。**「損してまで投資をするなら貯金のままでよい」という思いが強くうかがえるでしょう。このような心理は、認知バイアスの1つである「現状維持バイアス」から来ます。**

ダニエル・カーネマンの研究によれば、「フェアなコインを投げて表が出たら１５００円もらえ、裏が出たら１０００円払う」というゲームに対して、多くの人が参加をためらうそうです。冷静に考えれば確率的に儲かる〝おいしいゲーム〟なのですが、損する可能性を過大評価して判断を歪めてしまうのです。それならば、もらえる金額がいくらなら納得できるのかというと、２０００円くらいと答える人が多いことも示されています。**損失額の2倍ほどの利益があって、はじめて損得が釣り合うと考えるわけです。**

ここでは投資を勧めるのが目的ではありませんが、損を気にして躊躇《ちゅうちょ》しているなら、現状維持バイアスが働いていることを認識し、そのうえで冷静に考えて判断するとよいでしょう。

「損したくない」気持ちが判断力を狂わせる

現状維持バイアス ＝ 「得する」よりも「損したくない」気持ちが強く「現状のままでよい」と考える心理

フェアなコインを投げて……

表が出たら **1,500円もらえる**

裏が出たら **1,000円支払う**

このゲームをやりたい？

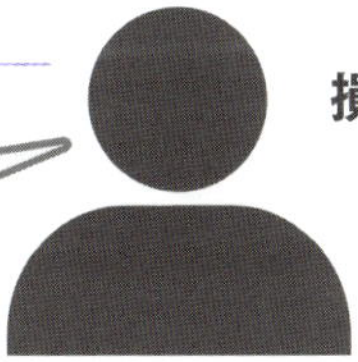

うーん、気が進まないな

確率的には儲かるのに損のほうが重大に見えてしまう

認知バイアス

いくら得すれば損と釣り合うか？

1,000円損するなら……

2,000円くらい得できないと！

多くの人は損に対して得が2倍くらいあれば許容できる

参考文献

野村アセットマネジメント「投資信託に関する意識調査～若い世代に広がる資産形成の動き～」2021年

Daniel Kahneman, Thinking, Fast and Slow, Farrar, Straus and Giroux, 2011.［ダニエル・カーネマン（村井章子訳）『ファスト＆スロー：あなたの意思はどのように決まるか？』早川書房、2012年。］

Daniel Kahneman and Amos Tversky, “Prospect Theory: an Analysis of Decision Under Risk,” Econometrica: 47, 263-291, 1979.

Nathan Novemsky and Daniel Kahneman, “The Boundaries of Loss Aversion,” Journal of Marketing Research: XLII, 119-128, 2005.

chapter 09

自分の見たいものだけ見てしまう理由

チェリー・ピッキング

よいことを並べ立てる相手に注意

たとえば欲しい車があったとき、「従来モデルより性能アップ」、「乗り心地も向上」、「装備がさらに充実」など、その車のよい部分ばかり目につくことはありませんか？　これは、自分の見たいものだけ見てしまう**「チェリー・ピッキング」と呼ばれる状態です。実は従来モデルより燃費が悪かったり価格が上がっていたりしても、そういう欠点が目に入らなくなってしまう、認知バイアスの1つなのです。**

あるいは、メーカー側がチェリー・ピッキングによって、見せたい情報だけ見せている場合もあります。メーカーとしてはできるだけ売りたいわけですから、よい部分ばかり取り上げて見せるのももっともです。どちらかというとチェリー・ピッキングは、このように相手が使ってきたときのほうが要注意といえます。

競馬でレース結果が出たあとや、株式の相場で大きな動きがあったあとなどに、それに合う情報ばかり集めて「自分の予想どおりだ」と自慢してくる人には、チェリー・ピッキングの可能性があります。また、保険商品の営業などで**メリットばかりアピールしてくる相手にも、チェリー・ピッキングを疑ったほうがよいでしょう。**

「うまい話には裏がある」とはよくいったもので、裏に隠されたデメリットも考えつつ、話を鵜《う》呑《の》みにしないよう注意したいものです。

都合のよい話はチェリー・ピッキングの可能性あり

チェリー・ピッキング ＝ 都合のよい情報だけをピックアップすること

○○会社 株価

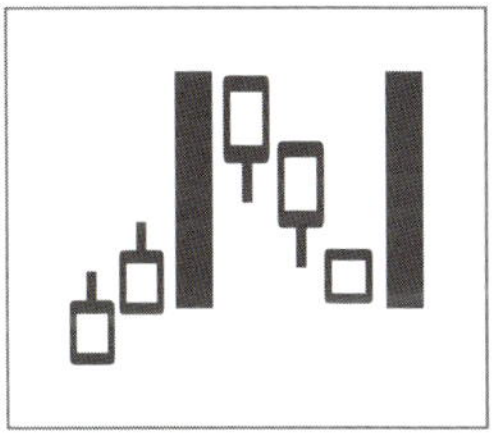

今日株価が上がるのはわかっていたよ

- ○○会社、好決算を発表
- 新製品の売れ行きが好調
- 自社株買いを実施

都合のよい情報ばかり並べたてる

あたかも優秀な専門家のように見えてしまう

↓

認知バイアス

うまい話には裏がある

○○保険

保険料は月々わずか○○円

保障は至れり尽くせり

24時間365日サポート

メリットばかりアピールするが……

解約手続きが難しい ← 語られていないデメリットがあるかもしれない

参考文献

Edward Damer, Attacking Faulty Reasoning: A Practical Guide to Fallacy-Free Arguments, Cengage Learning, 2008.

chapter 10

信じたものは本当に正しいのか？

信念バイアス・信念の保守主義

信念が思考に影響を与える

自分の信念や思い込みは、ときに論理的な思考を狂わせることがあります。たとえば「〇〇が正しい」と信じている場合、それを**否定する意見や情報を吟味せず、「いいや、〇〇が正しいに決まっている」と決めつけがちです。このような思考になるのは、「信念バイアス」という認知バイアスが働くからです。**

その信念があきらかに論理的に間違っている場合は気づきやすいかもしれませんが、正しいか間違っているか意見が割れるものについては注意が必要です。たとえば「糖質を摂らないほうが体によい」と信じている場合、糖質を摂るべきという意見には耳を貸さず、再検討しなくなってしまったりします。こうなると、新たな研究結果が出ても**中立の立場に立って考え直すことができなくなってしまいます。偏った考え方のまま固まってしまうわけです。**

また、このような信念バイアスはなかなか修正できないことも、アメリカの心理学者ウォード・エドワーズの研究で示されています。一度「こうだ」と思い込んだことは、それを否定する情報が出てもすぐには変わらないのです。これを「信念の保守主義」といいます。

自分の意見や考えが信念バイアスによるものでないか、ときには一度中立の立場に立って見直してみるのが大事といえます。

信念や思い込みが招く認知バイアス

信念バイアス ＝ 信念や思い込みのせいで正常な判断力を欠いてしまうこと

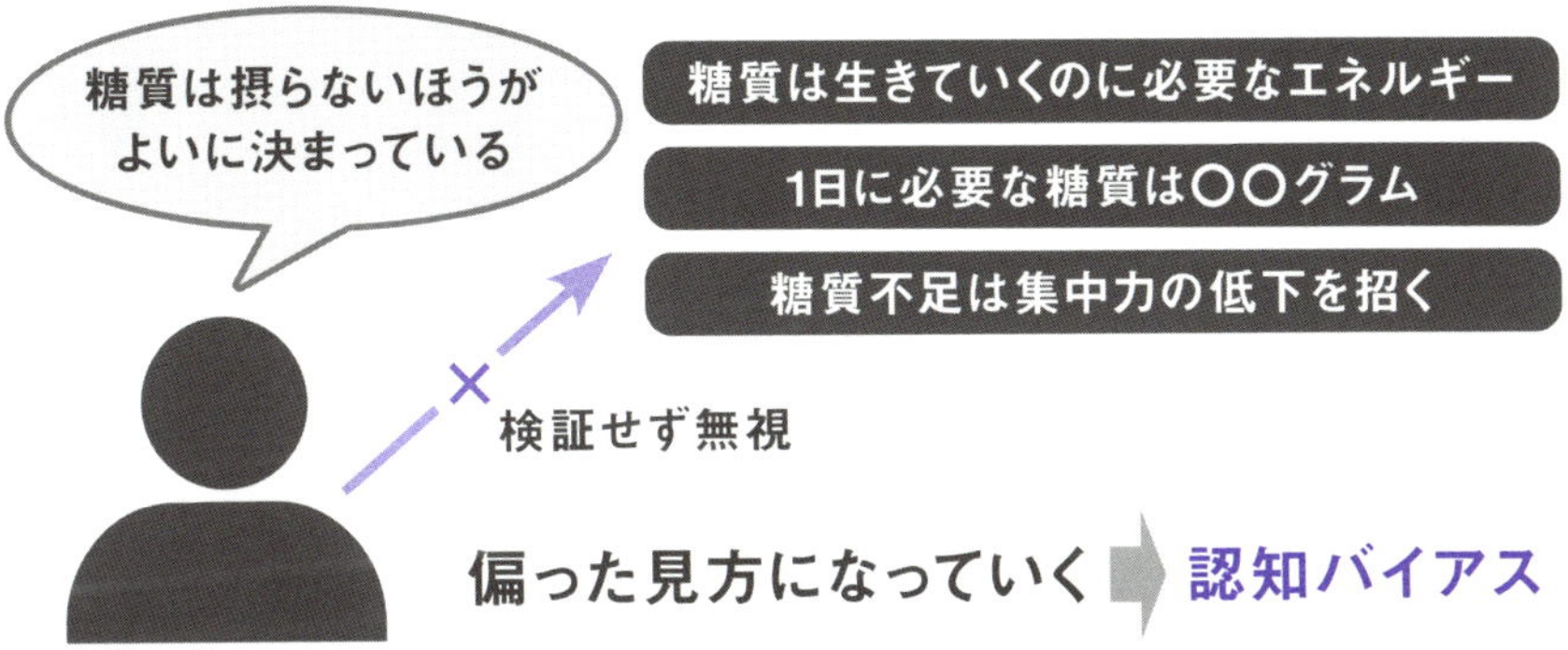
糖質は摂らないほうが
よいに決まっている
糖質は生きていくのに必要なエネルギー
1日に必要な糖質は〇〇グラム
糖質不足は集中力の低下を招く
検証せず無視
偏った見方になっていく
認知バイアス

信念や思い込みを変えるのは容易ではない

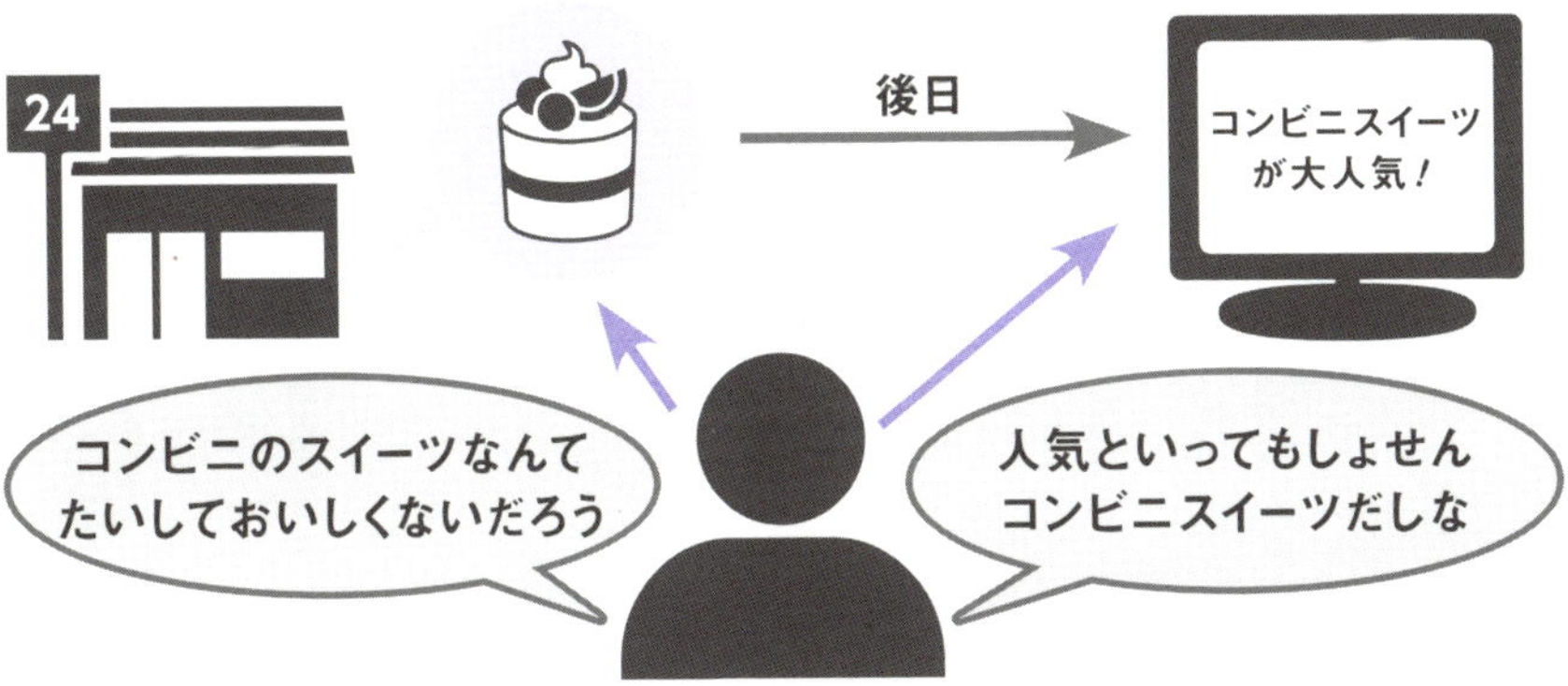
24
後日
コンビニスイーツ
が大人気！
コンビニのスイーツなんて
たいしておいしくないだろう
人気といってもしょせん
コンビニスイーツだしな

最初の思い込みを引きずってしまう ➡ 信念の保守主義

参考文献

John Anderson, Cognitive Psychology and Its Implications, W.H.Freeman and Company, 1980. [J.R.アンダーソン（富田達彦／増井透／川崎恵理子／岸学訳）『認知心理学概論』誠信書房、1982年]

Jonathan Evans, Julie Barton and Paul Pollard, “On the Conflict Between Logic and Belief in Syllogistic Reasoning,” Memory & Cognition: 11(3), 295-306, 1983.

Ward Edwards,"Conservatism in Human Information Processing," in Judgment under Uncertainty: Heuristics and Biases, edited by Daniel Kahneman, Paul Slovic and
Amos Tversky, Cambridge University Press, 1968.

中島秀之／高野陽太郎／伊藤正男『思考』岩波書店、1994年。

chapter 11

思い出が美化されるのはナゼ？

フォルス・メモリ

人の記憶は書き換えられてしまう

幼少期に体験したことを今でもはっきり覚えていますか？　あやふやな部分があったり、「そんなことあった？」と身近な人でも覚えていないケースがあったりしませんか？　実は、人間の記憶はその後の体験や周囲の影響などによって書き換えられてしまうことが、アメリカの心理学者エリザベス・ロフタスの研究によってあきらかにされています。このようにして生まれた**偽りの記憶を「フォルス・メモリ」といいます。このフォルス・メモリも、思考に影響を与える認知バイアスの1つです。**

エリザベス・ロフタスの研究によれば、実験者の少年に対して本当に体験したこと3つと実際には体験していないこと1つを交えて覚えていることを尋ねたところ、少年は実際には体験していないことについて詳細に語ったそうです。誰かから「こんなことがあったよね」と言われたり、似たような光景を見たりすることで、本当に自分がそういう体験をしたという記憶が作られてしまうことがあるわけです。**思い出が美化されるのも、この現象の一種です。**

昔話で盛り上がるだけなら多少偽りがあってもたいして問題はありませんが、事件の目撃証言をする場合などには注意が必要です。同様に、他者の証言がどうも疑わしい場合、フォルス・メモリを疑ったほうがいいかもしれません。

偽りの記憶を信じてしまう

フォルス・メモリ ＝ 実際には経験していないことを経験したかのように思い出す現象

行ったことのない遊園地の記憶がなぜかはっきり思い出される

↓

認知バイアス

ウソとは違うの？

ウソ＝偽りとわかっていて相手を騙《だま》すための話
フォルス・メモリ＝本当のことと信じてしまっている話

参考文献

Elizabeth Loftus and Jacqueline Pickrell, “The Formation of False Memories,” Psychiatric Annals: 25, 720-725, 1995.
Elizabeth Loftus, Eyewitness Testimony, Harvard University Press, 1979. [E.F.ロフタス（西本武彦訳）『目撃者の証言』誠信書房、1987年。]
太田信夫編『記憶の心理学と現代社会』有斐閣、2006年。
太田信夫／多鹿秀継（編著）『記憶研究の最前線』北大路書房、2000年。
下條信輔『《意識》とは何だろうか－脳の来歴、知覚の錯誤』講談社（講談社現代新書）、1999年。

chapter 12

将来の苦労より今の楽しさ

現在バイアス

目先の利益に目がくらんでしまう

ダイエットをしようと思ったのに、目の前にあるおいしそうな食べ物をつい食べてしまう……というのはよくある話です。これは、目先の小さな利益と将来の大きな利益の比較において、**目先の利益のほうを過大に見積もってしまう「現在バイアス」という思考から来るものです。これも認知バイアスの1つです。**

たとえば、「今すぐ1万円もらえる」と「1週間後に1万100円もらえる」のどちらがよいかと尋ねると、多くの人は「今すぐ1万円もらえる」のほうを選ぶ傾向があります。後者は1週間で1%も利息がつくのに、目先の利益に目がくらんで前者を選んでしまうわけです。

ところが、「1年後に1万円もらえる」と「1年1週間後に1万100円もらえる」の比較になると、こちらは後者を選ぶ人が多くなります。将来のことの比較だと、冷静にお得なほうを選べるわけです。現在バイアスがいかに影響しているか、よくわかる例かと思います。

また、**嫌なことを後回しにして目先の楽しみを優先してしまうのも、現在バイアスの典型です。**冒頭で紹介したダイエットをサボってしまう件や、仕事の期限が迫っているときについ遊びたくなってしまう場合などは、現在バイアスで物事を考えていないか、一度自分に問いかけて行動を見つめ直してみてください。

「今すぐ」を過大に重視してしまう

現在バイアス ＝ 将来の大きな利益の可能性よりも
目先の小さな利益を重視してしまう心理

今すぐ
1万円もらえる
10000
10000
壱万円
今すぐ欲しい！
1週間後に
1万100円もらえる
10000
10000
壱万円
100

目先の利益に目がくらんでしまう ➡ 認知バイアス

1年後に
1万円もらえる
10000
10000
壱万円
1年後ならさらに
1週間くらい待っても同じ
1年1週間後に
1万100円もらえる
10000
10000
壱万円
100

遠い先の話なら冷静に判断できる

参考文献

Pierre Chandon and Brian Wansink, “When Are Stockpiled Products Consumed Faster? A Convenience-Salience Framework of Post-Purchase Consumption Incidence and Quantity,” Journal of Marketing Research: 44, 84-99, 2002.
Eldar Shafir, “The Behavioral Foundations of Public Policy,” Princeton Univ Press, 2012. ［エルダー・シャフィール（白岩祐子／荒川歩訳）『行動政策学ハンドブック：応用行動科学による公共政策のデザイン』福村出版、2019年］
大竹文雄『行動経済学の使い方』岩波書店（岩波新書）、2019年。
ピアーズ・スティール（池村千秋訳）『ヒトはなぜ先延ばしをしてしまうのか』CCCメディアハウス、2012年。
友野典男『行動経済学 経済は「感情」で動いている』光文社（光文社新書）、2006年。

chapter 13

落ち込みの連鎖に要注意！

気分一致効果

気分が思考を左右する認知バイアス

楽しい気分のときは旅行やグルメなど楽しいことを考えたり、楽しい出来事を思い起こしたりするでしょう。逆に落ち込んでいるときは不安な気持ちに襲われたり、辛かった出来事を思い出したりしませんか？　このように、**思考が気分に左右される現象を「気分一致効果」といいます。中立の立場で物事を判断できなくなる、認知バイアスの1つです。**

このことは、アメリカの心理学者ゴードン・バウアーの研究によって示されました。被験者を楽しい気分のグループと悲しい気分のグループに分け、それぞれに幸せな物語と不幸な物語を読んでもらったところ、楽しい気分のグループは幸せな物語を、悲しい気分のグループは不幸な物語をよく覚えていたそうです。自分の気分に近い話や出来事を記憶しやすく、また思い起こしやすくなるわけです。

それでは、悲しい気分のときは悲しいことばかり考えてしまい、どんどん落ち込んでいくのかというと、そうとは限りません。**ネガティブな気分のときこそ楽しいことを考えたくなる「気分不一致効果」というものも知られています。**不幸の連鎖に陥らないよう、心のバランスを取るために持っている習性といえるかもしれません。嫌なことがあったときは、この効果を思い出して気持ちを切り替えましょう。

気分次第でものの見え方が変わる

気分一致効果 ＝ 楽しいときは楽しいことに
悲しいときは悲しいことに注意が向く現象

楽しい気分
のとき

旅行　　パーティ

楽しいことを記憶したり
思い出したりしやすい

悲しい気分
のとき

事故　　倒産

悲しいことを記憶したり
思い出したりしやすい

気分によって意識するものが変わってしまう ➡ **認知バイアス**

逆に落ち込んだときほど楽しいことを思い出す現象も

辛いことが
あったけど……

気分不一致効果

⬇

気分の切り替えに

参考文献

Gordon Bower,“Mood and Memory,” American Psychologist: 36, 129-148, 1981.

Gordon Bower, Stephen Gilligan and Kenneth Monteiro, “Selectivity of Learning Caused by Affective States,” Journal of Experimental Psychology: General: 110(4), 451-473, 1981.

大平英樹『感情心理学・入門』有斐閣（有斐閣アルマ）、2010年。

太田信夫／多鹿秀継（編著）『記憶研究の最前線』北大路書房、2000年。

chapter 14

自分の非を認めるのは なぜ難しいのか

自己肯定化理論

自己肯定感を守ろうとする心理

何か失敗をしてしまったときや、相手を傷つけてしまったときなどに、素直に謝れない人を見たことがないでしょうか。これは**「自分は悪くない」という気持ちが思考や判断に影響を与えてしまう認知バイアスの1つ、「自己肯定化理論」が現れたものです。**

人間は誰もが自分自身を肯定的に評価する自己肯定感（自尊感情）を持っていて、それを自然と守ろうとします。ただ、この自己肯定感が強すぎたり弱すぎたりすると素直に謝れなくなってしまうことが、心理学者アンドリュー・ハウエルらの研究によって示されています。**自己肯定感が高すぎる人は、「自分がミスをするはずがない」という気持ちが勝ってしまい、自分の非をなかなか認められません。反対に自己肯定感が低すぎる人は、謝ることによって自己肯定感がさらに傷つくことを恐れ、素直に謝ることができなくなってしまいます。**

このような状態にならないようにするには、適切な自己肯定感を持つことが重要です。心理学者カリーナ・シューマンは、次のページの下部で紹介している方法で、自己肯定感を保ったまま素直に謝れるようになることを示しました。もし自分の非をなかなか認められない状態になったり、そういう人に出会ったりしたら、この方法を試してみると効果的かもしれません。

自己肯定感が邪魔をして謝りにくくなる

自己肯定化理論 ＝ 自分を正当化して自尊感情を守ろうとする心理

▼自己肯定感が高すぎる人▼　　▼自己肯定感が低すぎる人▼

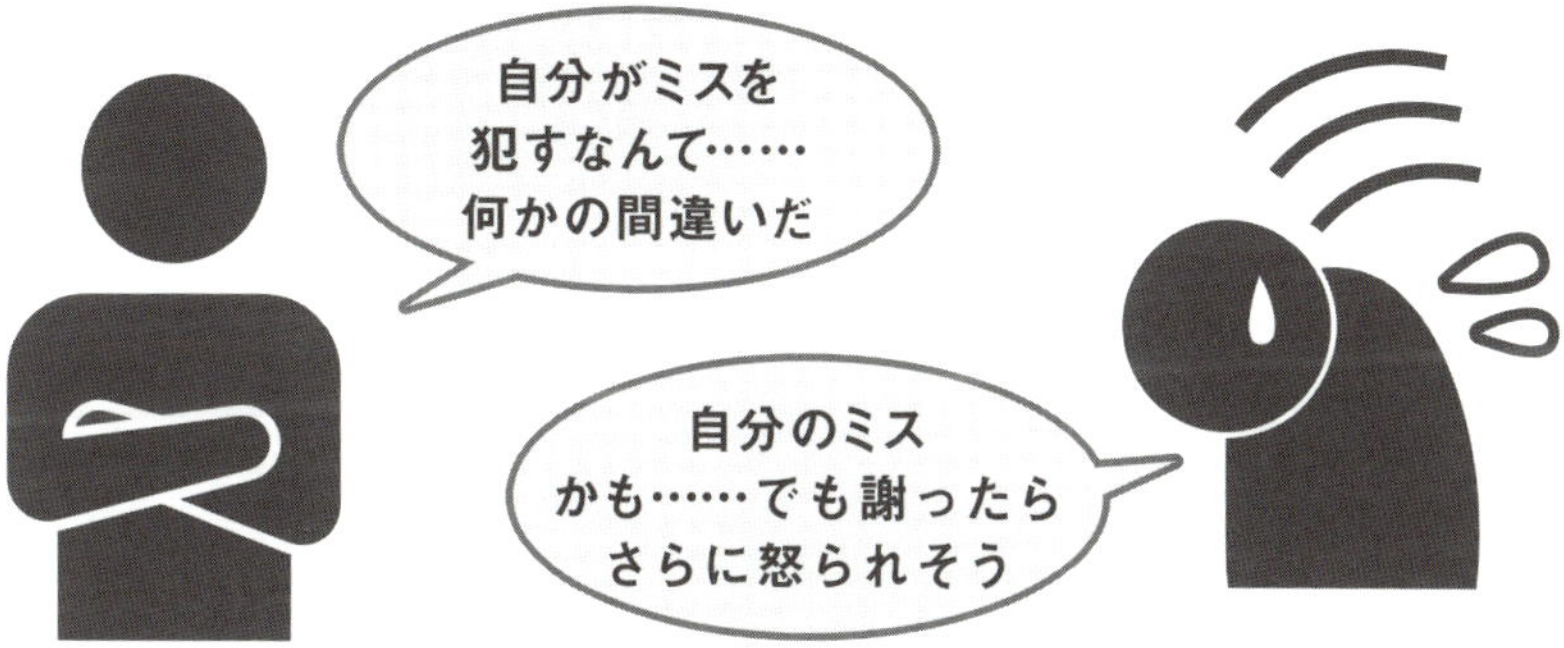

自分がミスを犯すなんて……何かの間違いだ
自分のミスかも……でも謝ったらさらに怒られそう

どちらもなかなか自分の非を認めにくい ➡ **認知バイアス**

どうすれば素直に非を認められるようになるか？

自己肯定感を再認識する
↓
ミスを振り返る
↓
謝り方を考える
↓
謝ることは相手との関係修復につながることを確認する
↓
自己肯定感を傷つけず謝罪できるようになる

※Karina Schumannの研究より

参考文献

Claude M. Steele, “The Psychology of Self-Affirmation: Sustaining the Integrity of the Self,” Advances in Experimental Social Psychology: 21, 261-302, 1988.

Andrew J. Howell, Raelyne L. Dopko, Holli-Anne Passmore and Karen Buro, “Nature connectedness: Associations with well-being and mindfulness,”Personality and Individual Differences: 51, 166-171, 2011.

Karina Schumann, “An affirmed self and a better apology: The effect of self-affirmation on transgressors’ responses to victims,” Journal of Experimental Social Psychology: 54, 89-96, 2014.

chapter 15

年をとると幸せになるって本当？

社会情動的選択性理論

ポジティブ思考になる認知バイアス

若い頃は感情の起伏が激しかった人が、年をとるにつれて温和になっていく、というケースがあります。これは、悟りを開いたとか認知機能が低下したとかではなく、ネガティブなことへ注意が向きにくくなる思考の変化が大きな原因です。思考に影響を与えるという点で、これも認知バイアスの1つといえます。**この現象は「社会情動的選択性理論」と呼ばれます。**

島井哲志教授らの研究によると、50歳以上になると年齢とともに主観的幸福感が増すことが示されています。**年をとると、残りの人生を幸福に過ごすためにポジティブな情報に目を向け、ネガティブな情報を気にしなくなる、という心的機能が働きやすくなるのです。**客観的な幸福度はさておき、主観的な点でいえば年をとるほど幸せになるのは確かなようです。

ただ、八木彩乃らの研究では、認知機能の一部である**「実行機能」の低い人は、60代から心の疲労度が再び高まり、幸せを感じにくくなることも指摘されています。**実行機能とは、思い込みや決めつけにとらわれず、自分をコントロールできる力のこと。いってみれば、認知バイアスに翻弄《ほんろう》されない力ということです。これを意識して生きていけば、年齢に左右されて偏屈や頑固になることもなく、より幸せを感じながら人生を楽しめるでしょう。

年をとるとポジティブなことに目が向くように

社会情動的選択性理論 ＝ ポジティブ感情が最大になり、ネガティブ感情が最小になる現象

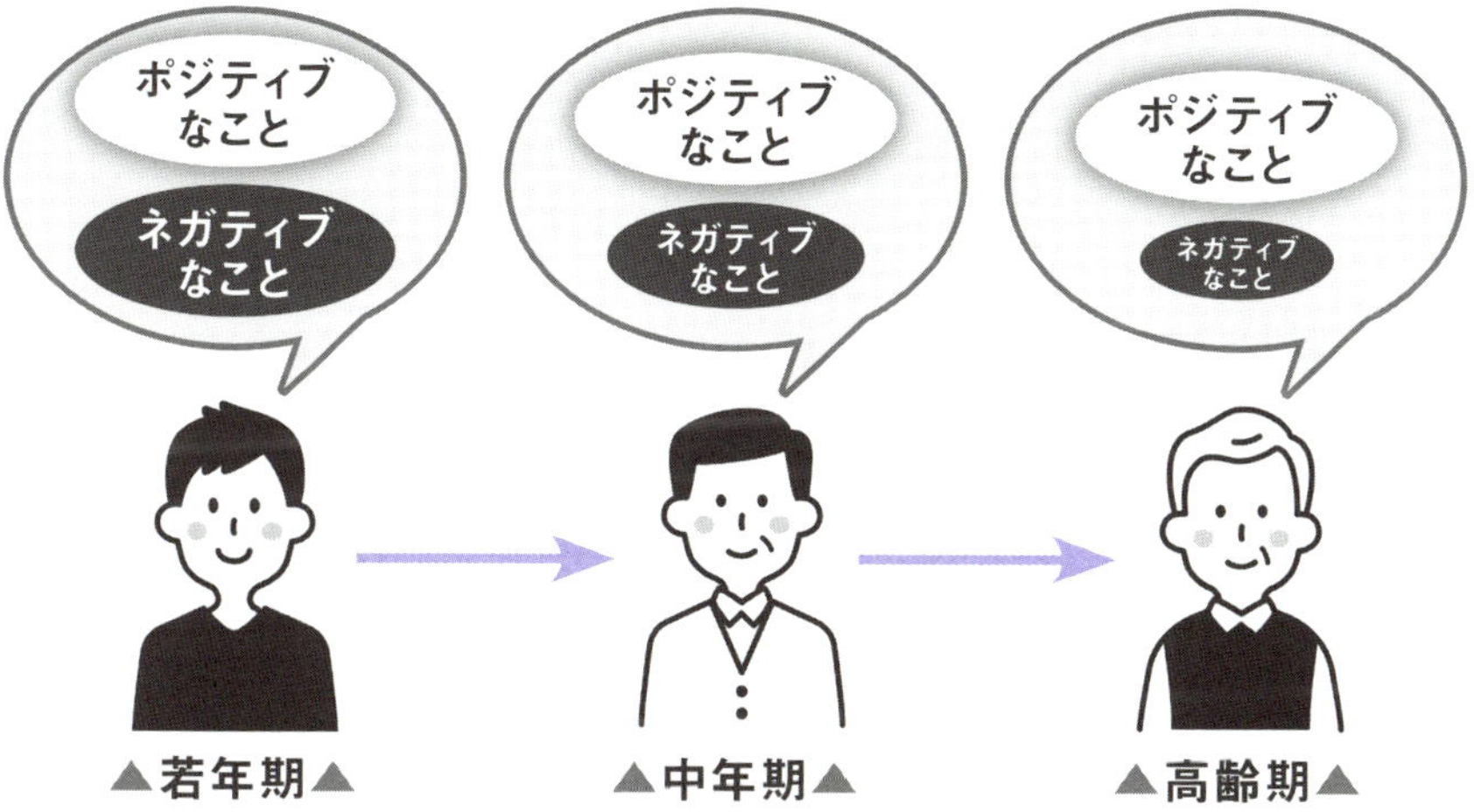

年をとるにつれてネガティブなことにあまり意識が向かなくなっていく

⬇

認知バイアス

年をとると心の疲労度が低くなっていく?

実行機能（認知機能の一部）の高い人は疲労度が低くなっていくが
実行機能の低い人は60代から再び疲労度が上がっていく

※『高齢者の幸福感の縦断的変化：認知機能の影響』より

参考文献

Rosemarie Kobau, Marc A Safran, Matthew M Zack, David G Moriarty and Daniel Chapman, "Sad, blue, or depressed days, health behaviors and health-related quality of life, Behavioral Risk Factor Surveillance System, 1995-2000," Health and Quality of Life Outcomes: 2-40, 2004.
島井哲志／山宮裕子／福田早苗『日本人成人の主観的幸福感：加齢による上昇傾向』日本公衆衛生雑誌：65(9)、553-562、2018年。
八木彩乃／野内類／村山航／榊美知子／川島隆太『高齢者の幸福感の縦断的変化：認知機能の影響』日本心理学会大会発表論文集：日本心理学会第83回大会、2019年。

認知バイアスとAI

――AIの発達で顕著になった認知バイアスはありますか？

何よりも「エスカレーション」ということですね。つまり、ネット上で意見が加速化してしまうことです。誰もが使用しているAI検索エンジンは、便利なものですが、その一方で膨大なデータを学習し、ユーザーの行動パターンを分析することによって、より関連性の高い情報を上位に表示しています。たとえば、登山が好きな人だったら、「登山靴」や「登山テント」や「南アルプス」などを検索する。すると、その人のページには登山の記事ばかりが出てくるわけです。それが続くと「世の中の人は、皆が山登りしているんだ」と錯覚してしまう。あくまでAIがサービスで選択した情報なのに、それが世の中の意見だと勘違いする「エコーチェンバー現象」ですね。これがAIの加速化させた「認知バイアス」だと考えています。

――AIの使い方としてはどうでしょう？

今も話したように、AIは非常に便利なものですが、逆に気が利きすぎるあまりに、偏った情報をユーザーに与えている可能性がある。たしかに膨大なデータを処理することは人間には非常に困難なことですが、かといってAIがユーザーの好みに合わせて提供する情報ばかりを見ているのも問題です。さらに危険なのは、なんでもAIに分析してもらって、自分で判断をしなくなること。なによりも大事なのは、「自分の頭で考えること」です。学生たちにも話していますが、むしろ悩んだときこそ、AIなどに頼らず自分で考えてほしい。それが成長するということですから。

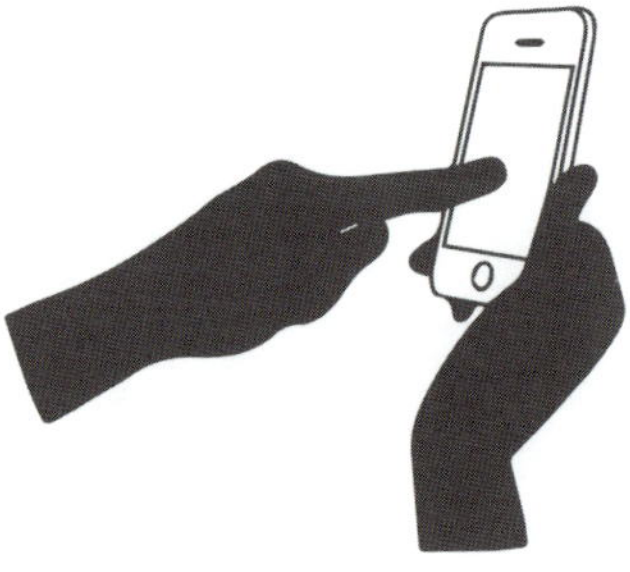

第2章

人間関係と認知バイアス

chapter 01

「○○だから××」は成り立つ？

循環論法

正当化できない結論が堂々めぐりの原因

誰かと話をしている最中や説明、説得を受けているときに、どこか釈然としない、気づいたら話がループしていた、なんて経験はありませんか？　これは認知バイアスにおける「循環論法」と呼ばれるロジックです。話し手は一生懸命に話しているのに、聞き手はあまり納得感が得られないまま、話が堂々めぐりしてしまうこの現象。いったい何が原因でこうした状態に陥ってしまうのでしょうか？

　左ページはこの循環論法をわかりやすく図で示したものです。一番上の「Aさんは信頼できる」という主張に対し、時計回りでその理由を説明をしていますが、1つずつ見ていくとAさんが「信頼できる」ことへの説明が十分にされないまま、「頼りになるよい人」なのは「Aさんが信頼できるから」と話がループしていることがわかると思います。

　このように**循環論法は相手の話をしっかりと聞いていれば、議論が循環していることに気づくことができます。**しかし、相手が話し上手だったり、慣れた口調で自信満々に話していたりすると違和感に気づけず、話を鵜呑みにしてしまいがちです。循環論法は詐欺まがいのセールストークや怪しい勧誘で用いられることも少なくありません。優柔不断な人や場の雰囲気に呑まれやすい人は特に注意が必要です。

話の堂々めぐりはなぜ起こるのか

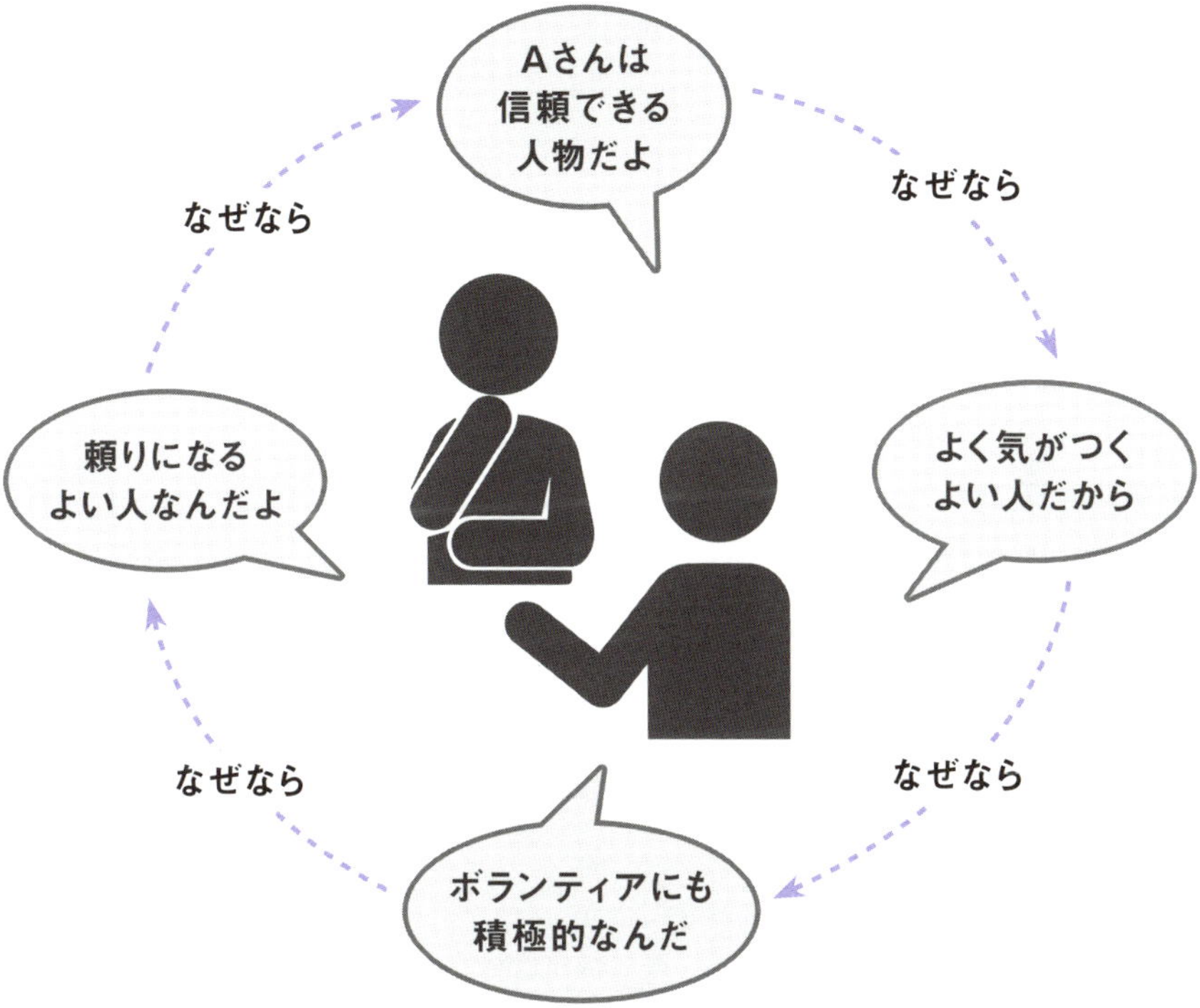

結論が正当化されないまま、同じ議論の中で
結論を前提の1つに用いる

空虚な議論が繰り返されてしまうことを
「循環論法」という

参考文献

Irvinc Copi. Introduction to Logic, MacmilLan, 1961.
Bowell Tracy and Kemp Gary. CriticaL Thinking: A Concise Guide. Routtedge, 2015.
Anthony Weston, A Rutebook for Arguments, Hackett PubLishing Company. 2018. [アンソニー・ウェストン(古草秀子訳)『論証のルールブック』筑摩書房(ちくま学芸文庫)、2019年。]
新村出(編)『広辞苑』岩波書店、第七版、2018年。

chapter 02

人格と言動はつながっている？

対人論法

人柄が言葉に「重み」を与える

家族や友人と話しているときに、突然「お前にできる（わかる）わけないだろ」と、上から目線でいわれたら、あなたはどんな気持ちになりますか？　多くの人は人格を否定するような物言いにショックを受け、嫌な気分になったり、腹が立ったりしてそのまま会話を続ける気にはならないと思います。発言の撤回を求めたり、反論したりする人もいるでしょう。実はあなたのそうした反応こそが相手の狙いなのです。

これは**「対人論法」と呼ばれるロジックで、今話をしている内容とは関係なく、相手の属性（年齢・性別・出自・社会的な地位など）や性質、あり方などを攻撃する発言をあえて行うことで、相手のいい分を退けるのが目的です。**いわれた側からすれば、自分にとって痛いところを突かれたことで後ろめたい気分になったり、逆に腹が立ったりして、うまく相手に乗せられ、話の本筋とは関係のないところでいい負かされてしまう可能性もあるのです。

一方で、**相手が対人論法をしかけてきたということは、それだけ今の議論で追い詰められていて、苦し紛れの人格攻撃で論点をそらそうとしている可能性も十分考えられます。**ショックで動揺する気持ちを抑え、「それは今の話と関係ないですよね」といい返すことができれば、もはやあなたの勝利は目前です。

主張＜人格のバイアスが対人論法の原因に

▼夫の主張に対する妻の視点▼

相手の主張そのものよりも、その人格や日頃の行動などに注目し、偏った判断に

論者の主張ではなく、その人格やスペック、過去の言動などを攻撃して主張を退けることを 対人論法 と呼ぶ

参考文献

Hans Hansen." FaLLacies," in The Stanford Encyclopedia of Philosophy, edited by Edward N. Zalta, (https://plato.stanford.edu/archives/sum2020/entries/fallacies/). 2020.

Bowell Tracy and Kemp Gary, Critical Thinking: A Concise Guide, Routledge. 2015.

Anthony Weston. A Rulebook for Arguments, Hackett Publishing Company. 2018. [アンソニー・ウエストン(古草秀子訳)『論証のルールブック』筑摩書房(ちくま学芸文庫)、2019年。]

Eugen Zechmeister and James Johnson, Critical Thinking: A Functional Approach. A Division of International Thompson Publishing. 1992. [E.B.ゼックミスタ/J.E.ジョンソン(宮元博章/道田泰司/谷口高士/菊池聡訳)『クリティカルシンキング 実践篇』北大路書房、1997年。

伊勢田哲治『哲学思考トレーニング』筑摩書房(ちくま新書)、2005年。

chapter
03

自分に対するブーメランに注意

お前だって論法

放った言葉がそのまま自分に返ってくる

夫婦げんかや兄弟げんかの場面でよく聞こえてくるセリフの1つに「お前だって」というのがあります。いわゆる「売り言葉」に対する「買い言葉」の常套句といってもよいくらいよく使われるワードですが、この「お前だって」を反論として用いるケースでは、相手に落ち度を指摘された側に加え、指摘した側にも同様の落ち度が認められることになります。こうした**議論の展開のしかたを認知バイアスにおける「お前だって論法」、あるいは「ブーメラン効果」と呼んでいます。**

左ページ上の図は「お前だって論法」を用いたよくある夫婦の会話の例です。妻の「食べ終わったら食器は片付けて」という主張に対し、夫は「お前だって部屋の電気をつけっぱなしだろ」と反論。妻はいい返すことができなくなってしまいました。**反論に思い当たる節があったため言葉に詰まってしまったのです。**

ただ、ここで注意したいのが「お前だって」に続く反論と、本来の話の趣旨が必ずしも一致しない場合があるということ。前述のケースであれば、「食器のかたづけ」と「電気を消す」のは直接的にはまったく関係のない話です。**反論で痛いところを突かれても「今、何の話をしてたんだっけ？」と振り返る冷静さを保つことで、論点そらしを回避することができます。**

「お前だって」の一言で立場が逆転

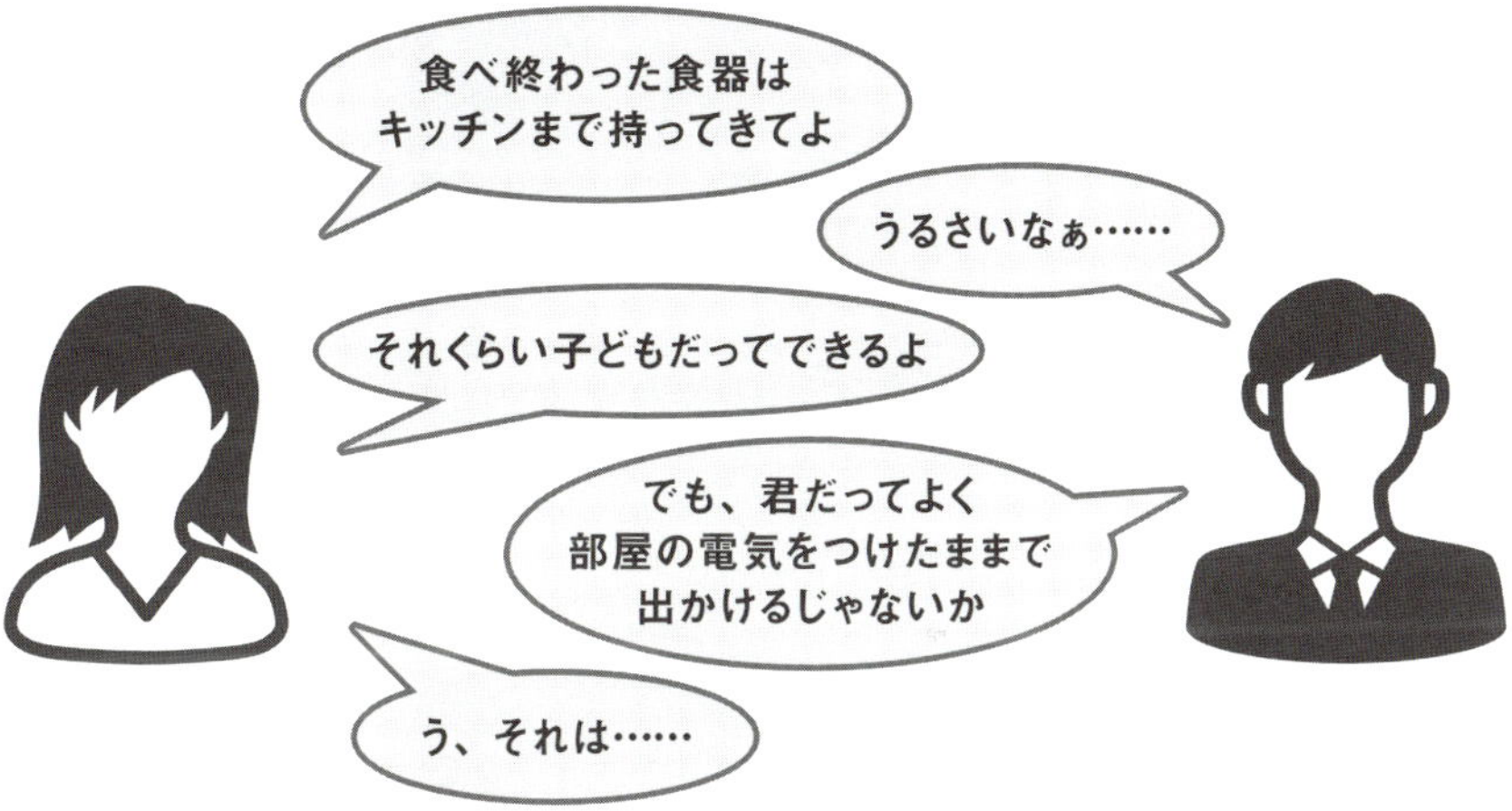

相手の主張がその言動と一致していない場合、
「お前だって」と指摘しかえすことで、論点をそらすことができる

自分の言葉がブーメランにならないように注意

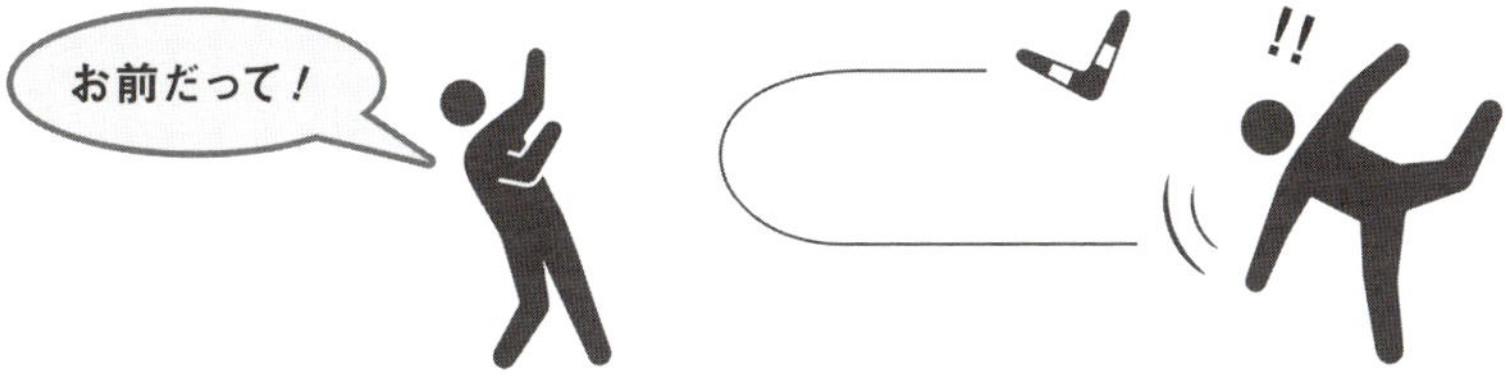

受けた指摘に対し「お前だって」と反論して
相手の落ち度に変えることから
お前だって論法 や ブーメラン効果 と呼ばれる

参考文献

Edward Damer, Attacking Faulty Reasoning: A Practical Guide to Fallacy-Free Arguments. Cengage Learning, 2008.
Hans Hansen. "Fallacies," in The Stanford Encyclopedia of Philosophy, edited by Edward N. Zalta, (https://plato.stanford.edu1archives1sum2020/entries/lallacies/), 2020.
Bowell Tracy and Kemp Gary, Critical Thinking: A Concise Guide, Routledge, 2015.

chapter 04

論点を巧みにすり替える 藁人形論法

藁人形論法

相手の主張を歪めて自身を正当化

話題のニュースや出来事を紹介して、コメンテーターに語らせるワイドショーやトークバトル系のテレビ番組で多用されているロジックの1つが「藁《わら》人形論法」です。聞いただけではどんな論法なのか、まったくピンと来ない人のほうが多いと思います。

この藁人形論法というのは、相手の主張を正しく引用せず、自分に都合よく解釈を変えたり、論点を歪めたりして反論する論法のこと。

左ページ上の図を例にすると、妻の「少しお酒を控えて」という主張を、夫は「酒もタバコも全部禁止」と拡大解釈し、それに対して「だったらお前もお菓子を食べるな」と極端な反論をして論点をすり替えています。この夫の自分勝手な解釈（歪められた主張）と、それに対する反論こそが藁人形論法なのです。藁人形と同様、議論の中身が伴わないことに由来し、藁人形（ストローマン）論法と名付けられました。

もう1つ、巧みに論点をはぐらかすテクニックとして、「ご飯論法」というのがあります。

それを表した図が左ページの下段です。妻の「ご飯食べた？」という問いかけに、夫は「食べてないよ」と答えていますが、「パンを食べた」ことは伝えていません。結果、余計な嘘はつかず、かつ真実もいわずに質問をはぐらかすことに成功しているわけです。

相手の主張を歪めて議論を有利に

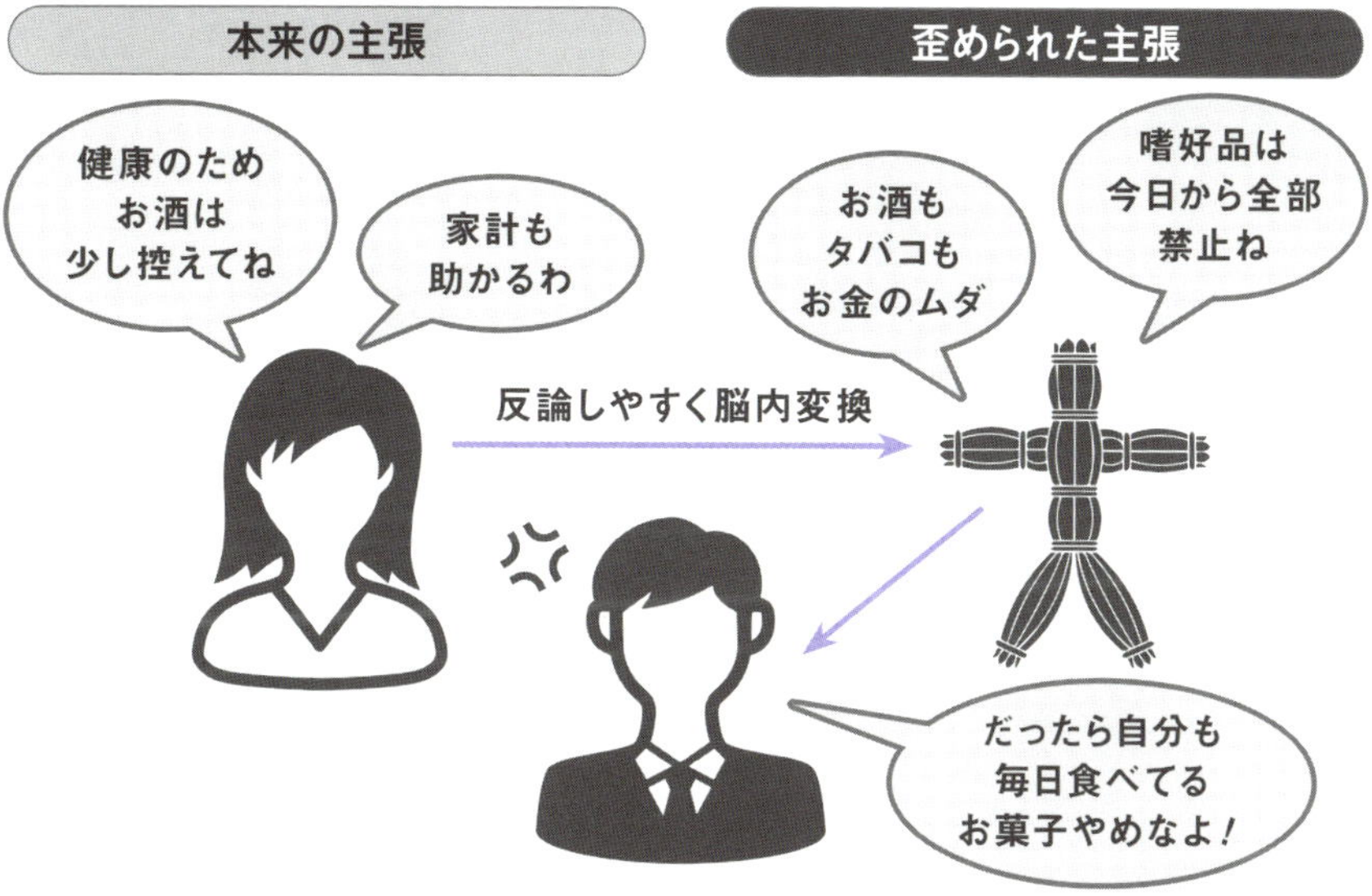

藁人形論法とは、相手の主張を正しく引用せず、都合よくねじ曲げて論点をすり替える論法である

嘘をつかずに話をはぐらかす「ご飯論法」

参考文献

Edward Damer, Attacking Faulty Reasoning: A Practical Guide to Fallacy-Free Arguments, Cengage Learning, 2008.

Bowell Tracy and Kemp Gary. Critical Thinking: A Concise Guide, Routledge, 2015.

Eugen Zechmeister and James Johnson. Critical Thinking: A Functional Approach. A Division of International Thompson Publishing, 1992..

[E.B.ゼックミスタ/J.E.ジョンソン(宮元博章/道田泰司/谷口高士/菊池聡訳)『クリティカルシンキング　実践篇』北大路書房、1997年。

伊勢田哲治/戸田山和久/調麻佐志/村上祐子(編)『科学技術をよく考える　クリティカルシンキング練習帳』名古屋大学出版会、2013年。

chapter 05

危険を感じたときに芽生える感情は恋？

吊り橋効果

感情の誤解を生む吊り橋効果

ネットや雑誌で「吊り橋効果」という言葉を見聞きしたことがある人は多いと思います。これは1974年にカナダの心理学者ダットンとアロンが行った「生理・認知説の吊り橋実験」によって実証された理論で、**揺れる吊り橋の上のような緊張が伴う環境を誰かと共有することで、その相手に対して恋愛感情を誤認しやすくなるというもの。**簡単にいうと、緊張によるドキドキを一緒にいる人にドキドキしている（＝恋愛感情を抱いている）と脳が勘違いしてしまうことがある、というわけです。

ちょっと眉唾《まゆつば》な話にも思えますが、これをより身近なシチュエーションに置き換えてみると、それほど的はずれではないことがわかります。たとえば、職場や学校で同じプロジェクト（イベント）に取り組む、ライブやスポーツ観戦で一緒に盛り上がる、というのは日常生活でもよくあることです。同時にそうした経験を通じて**緊張感や達成感、高揚感（＝ドキドキ）を共有することで、ふたりの心の距離がグッと縮まり、気がつけば恋愛対象として意識するように、というのはよくある話なのです。**

とはいえ、恋愛はときに人生を大きく変えてしまうこともあるもの。そのきっかけがドキドキの勘違いだとしたら、感情のままに身を委ねるのはちょっと怖い気もしますね。

ドキドキの勘違いが恋に発展する？

恐ろしさや高揚感に起因するドキドキを、いっしょにその場にいる
異性に対する恋愛感情のドキドキと勘違いしてしまう

このように自身の感情を勘違いしてしまう効果を
吊り橋効果 と呼んでいる

吊り橋効果が起こりやすいその他のシチュエーション

お酒を飲む　ライブに行く　ゲームをする　映画を観る

参考文献

Donald Dutton and Arthur Aron. "Some Evidence for Heightened Sexual Attraction under Conditions of High Anxiety," Journal of Personality and Social Psychology: 30[4].510-517, 1974.
Stanley Schachter and Jerome Singer, "Cognitive, Social, and Physiological Determinants of Emotional State," Psychological Review: 69. 379-399, 1962.
Michael Storms and Richard Nisbett, "Insomnia and the Attribution Process," Journal of Personality and Social Psychology: 16[2], 319-328, 1970.
下條信輔『サブリミナルマインド：潜在的人間観のゆくえ』中央公論社(中公新書)、1996年。
下條信輔『サブリミナル・インパクト：情動と潜在認知の現在』筑摩書房(ちくま新書)、2008年。

chapter 06

親しくなりたいなら出会う回数を増やすのが一番

単純接触効果

自分を売り込むもっとも単純な方法

いつも見ているニュース番組のメインキャスターが若手のアナウンサーと交替に——。番組改編のタイミングなどでよくあることですが、視聴者側からすると「見慣れた前の人のほうがよかったな」と感じてしまいがちです。しかし、毎日観ているうちに新しいキャスターへの違和感がなくなり、多くの場合、好感度も徐々に上がっていきます。**こうした心理の変化は「単純接触効果」によるものなのです。**

単純接触効果においてもっとも重要なポイントは、最初に接した時点で対象に特別な感情を持っておらず、かつその状態での**接触を繰り返すことで、徐々に好感度や親近感が高まっていくことです。**この効果は対象の年齢や性別に関係なく、絵や音楽といった芸術、身近なモノや道具、味わいや匂いといった目に見えないものにも同様に起こるといわれています。会社からの支給品でも使い慣れたパソコンに愛着を感じたり、毎朝あいさつしてくる隣人に親しみを覚えたりするのは、まさに単純接触効果の賜物といってもいいでしょう。

一方で、最初の接触時に悪い印象を持たれてしまった場合、接触する回数や頻度を増やすことはかえって逆効果です。あなたが嫌いな人と会いたくないように、相手も嫌な人に何度も遭遇するのは不快でしかないのです。

接触する頻度と好感度は比例する?

初対面で特別な印象がなくても、その後に接触する機会が
増えることで徐々に好感度が上がっていく

単純接触効果 といい、特別な反応をもたらさない
刺激の繰り返しを好意的に感じる現象である

最初の印象が悪いと逆効果になることも

参考文献

Robert Zajonc, "Attitudinal Effects of Mere Exposure," Journal of Personality and Social Psychology: 9, 1-27, 1968.

Richard Moreland and Scott Beach, "Exposure Effects in the Classroom: The Development of Affinity among Students," Journal of Experimental Social
PsychoLogy: 28, 255-276, 1992.

Daniel Perlman and Stuart Oskamp,"The Effects of Picture Content and Exposure Frequency on Evaluations of Negroes and Whites," Journal of Experimental Social Psychology: 7,503-514, 1971.

二宮克美/ 子安増生(編)『キーワードコレクション: 社会心理学』新曜社、2011 年。

chapter 07

「あばたもえくぼ」と認知バイアスの関係

感情移入ギャップ

強い感情は人を盲目にしてしまう

シェイクスピアの戯曲『ヴェニスの商人』の有名なセリフが由来とされることわざといえば「恋は盲目」です。人は恋に落ちると理性や常識を失い、寝ても覚めても頭の中は好きな人のことでいっぱいになってしまう、といった心理的な盲目状態を表わすたとえとしてよく使われています。「本当にそんなことあるの？」と思った方は、自身の青春時代の記憶を掘り起こしてみてください。きっと一度や二度は恋愛に夢中になっていた時期があったはずです。

　このように特定の対象に何らかの強い感情を持つことで、冷静な判断力を失い、客観的な立場で自分自身や物事を見ることができなくなってしまう心理状態を「感情移入ギャップ」と呼んでいます。左ページはそれを図で示したもので、感情が冷めている（COLD）ときはわずかな欠点や気に入らない部分に目が行きがちですが、感情が高まる（HOT）と対象のすべてが魅力的に見え、以前は欠点だと思っていた部分もチャームポイントの1つに思えてしまうのです。まさか自分の感情にそれほどのバイアスがかかるとは、COLDの状態では想像もできないですよね。**この感情移入バイアスは、他者の感情に対しても同様に働きます。同じ感情を持つ人には共感しやすく、逆の立場の感情を想像し、理解するのは簡単ではないのです。**

感情移入で対象の見え方、捉え方は大きく変化する

「COLD」なときは「HOT」な感情を、
「HOT」なときは「COLD」な感情を想像しにくい

こうした状態を **感情移入ギャップ** 、
あるいは **Cold-Hot Empty Gap** という

知らないことには共感しづらい

参考文献

Loran Nordgren, Mary-Hunter McDonnell and George Loewenstein. "What Constitutes Torture? Psychological Impediments to an Objective Evaluation of Enhanced Interrogation Tactics," Psychological Science: 22, 689-694, 2011.

Michael Sayette, George Loewenstein, Kasey Griffin and Jessica Black, "Exploring the Cold-to-Hot Empathy Gap in Smokers," Association for Psychological Science, 19, 926-932, 2008.

Timothy Wilson and Daniel Gilbert, "Affective Forecasting,"Advances in Experimental Social Psychology: 35, 345-411, Academic Press, 2003.

安西祐一郎/今井むつみ他(編)『岩波講座コミュニケーションの認知科学2:共感』岩波書店、2014年。

越智啓太『恋愛の科学』実務教育出版、2015年。

chapter 08

最初の印象で好き嫌いが決まる

ハロー効果・初頭効果

好かれたいなら第一印象を大切に

取引先の担当者と初めて会うシチュエーションを想像してみてください。現れた人が次のような見た目だったら、あなたはその人に対してどんな印象を抱くでしょうか？

①高身長でスマート。シワのないスーツをきれいに着こなしている。

②ぽっちゃり体型にくたびれたスーツ。髪型は乱れ、無精ヒゲも見える。

多くの方は①の人に清潔感や誠実さといったよい印象を受ける一方で、②の人には「仕事ができなさそう」「だらしない」といったマイナスイメージを持つでしょう。

この両者の印象の違いは、相手に対する情報不足が原因。わからない部分を補完するため、目立つ特徴や最初に感じた印象を手がかりにその人の人柄を推測した結果なのです。あくまでも見た目の印象から推測したイメージなので、実際は①の人は性格が悪く、②の人は成績優秀のやり手、ということもあるかもしれません。

このように目立つ特徴で相手を推測するバイアスを「ハロー効果」、第一印象で推測、評価することを「初頭効果」と呼びます。初対面の人と会うときには、「清潔感のある服装や髪型」「にこやかな表情」「穏やかな口調」といったポイントを意識することで、相手によりポジティブな印象を与えることができます。

最初の印象で評価が決まるハロー効果と初頭効果

ハロー効果

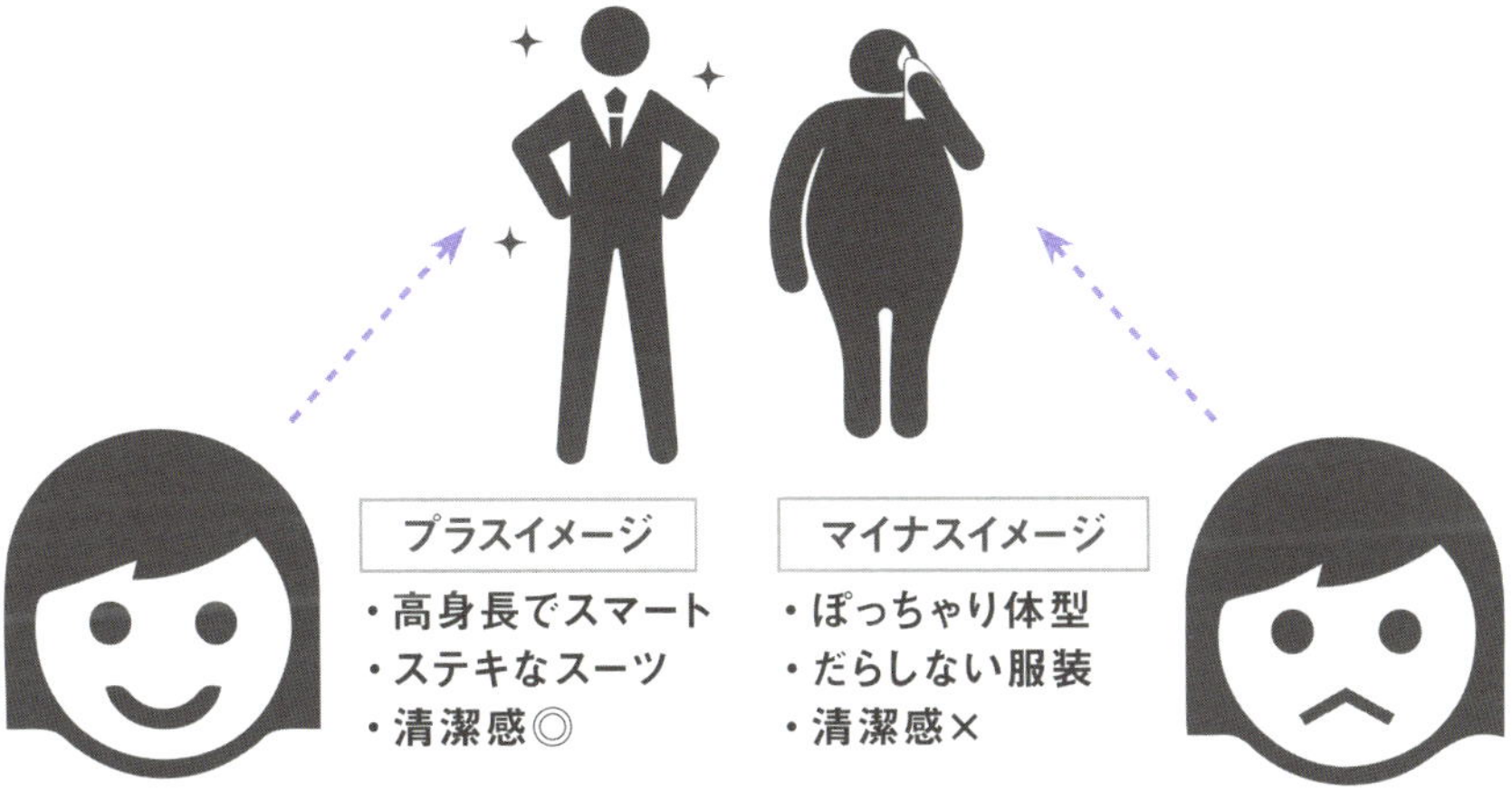
プラスイメージ
・高身長でスマート
・ステキなスーツ
・清潔感◎
マイナスイメージ
・ぽっちゃり体型
・だらしない服装
・清潔感×

初頭効果

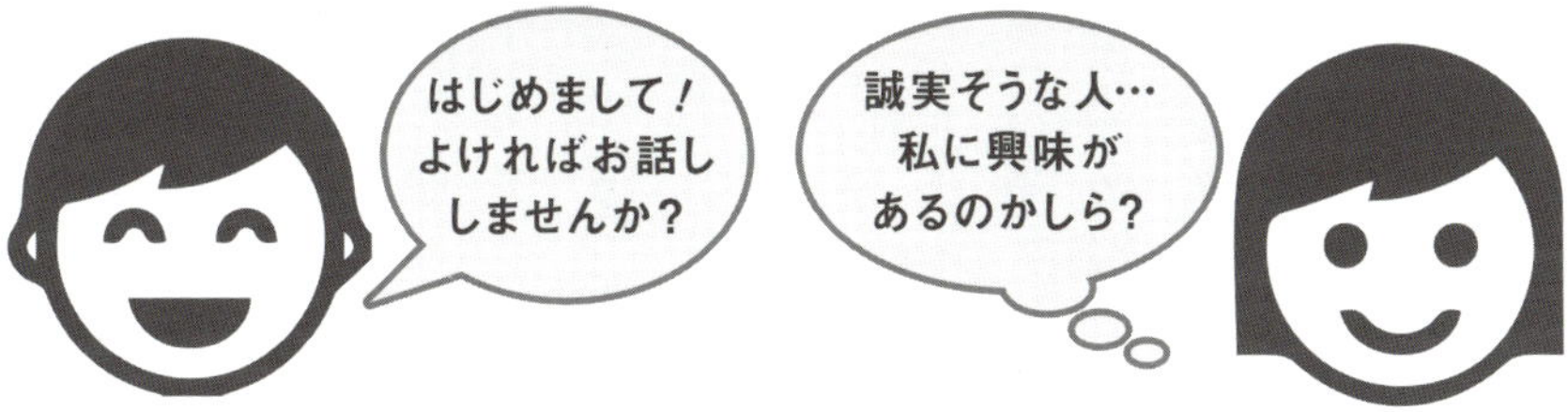
はじめまして！
よければお話し
しませんか？
誠実そうな人…
私に興味が
あるのかしら？

目立つ特徴が評価に影響するのが ハロー効果 、
最初に得た情報が強く印象に残るのが 初頭効果

参考文献

Elliot Aronson and Darwyn Linder,"Gain and Loss of Esteem as Determinants of Interpersonal Attractiveness,"Journal of Experimental Social Psychology: 1, 156-171, 1965.

David Landy and Harold Sigall."Beauty is Talent : Task Evaluation as a Function of the Performer's Physical Attractiveness,"Journat of Personality and Social Psychology,29, 299-304, 1974.

Phil Rosenzweig, The halo effect, Simon and Schuster, 2007.[フィル・ローゼンツワイグ(桃井緑美子訳)「なぜビジネス書は問違うのか:ハロー効果という妄想」日経BP社、2008年。]

Edward Thorndike, " A Constant Error in Psychological Ratings," Journal of Applied Psychology: 4[1], 25-29, 1920.

chapter 09

▼「きっとよい人」の思い込みがよい関係の第一歩▲

パーソン・ポジティビティ・バイアス

初対面の人には期待してしまうもの？

人は自分が思っている以上に楽観的だといわれています。日頃から車やバイクを運転している人ほど「自分は事故を起こさない」と思い込みがちですし、災害のニュースを見ても「大変だねぇ」とまるで他人事のように考える人がほとんどです。その理由は簡単。起こりうるリスクから目を背《そむ》けていれば余計な不安を抱えることもなく、精神的に楽だから。これは対人関係においても同様で、初対面の人に対しては「きっとよい人」と思い込むバイアスが自然と機能しています。相手に期待感を持ってポジティブに接することでファーストコンタクトがうまくいく可能性も高まり、結果、双方の利益にかなうからです。このように**初対面の人を肯定的に見ようとする心理の働きを「パーソン・ポジティビティ・バイアス」といいます。**

また、パーソン・ポジティビティ・バイアスは相手の外見的魅力に応じて、こちらの受け止め方が変化するというユニークな性質も持っています。**相手の容姿や振る舞いなどポジティブな情報が多いほどバイアスは強くなり、誠実さや責任感の強さ、社交性などに優れていそうと評価されることがわかってきています。**昨今ではルッキズムによる差別が問題視されていますが、一方で優れたルックスは人間関係において強力な武器の1つといえるようです。

初対面の人をポジティブに捉えるバイアス

お！ 彼は期待
できそうだ
爽やかで
感じのよい人ね
はじめまして！
本日からこちらで
お世話になります
真面目そうで
よい人が
入ったじゃないか
まだ若いのに
しっかりしてて
頼もしいな

パーソン・ポジティビティ・バイアス とは、
初対面の人にポジティブな期待感を持つこと。
容姿端麗だと期待値はさらにアップ！

参考文献

川西 千弘, 対人認知における顔のポジティビティ・バイアス, 実験社会心理学研究, 2011-2012,51巻,1号,p.1-10,

chapter 10

人の悪い面にだけ目が行くのはなぜ?

ネガティビティ・バイアス

欠点に気づいたらもう止められない

他人の振る舞いや素行をどれほど気にするかは人それぞれです。少々のことなら気にならないし、気にしないようにしているという人も多いと思います。しかし、社会的に好ましくないとされる行動を実際に目の当たりにしてしまうと、それをきっかけにバイアスがかかり、以後はその人の悪い部分にばかり目が行くようになってしまうことも……。このように**相手のネガティブな行動をより優先的に認知し、評価に結びつけようとするバイアスのことを「ネガティビティ・バイアス」と呼びます。**

では、ここでいうネガティブな行動とはどんなものでしょうか。暴力や盗みなどの犯罪行為は当たり前として、もっと身近なところでは他人の悪口をいう、自己中心的で周囲を顧みない、平然と嘘をつくなどが挙げられます。食事中のマナーや乱暴な言葉づかいといった普段何気なくやってしまいがちな行動にも不快感を覚える人は意外と少なくありません。

普段は真面目で献身的な人であっても、それ以上に悪い部分を強調して評価してしまうのがネガティビティ・バイアスの怖いところです。特に最近はなんでも「〇〇ハラスメント」と名前をつけて大騒ぎしたがる風潮があるので、心当たりのある人は一度自分の言動をじっくり振り返ってみるべきかもしれません。

人は他人の不快な言動にばかり注目してしまう

**ネガティブな行動や情報にばかり目が行き、
印象形成するバイアスを
ネガティビティ・バイアス という**

参考文献

Baumeister, R. F., Finkenauer, C. V., Kathleen D. (2001). Bad is stronger than good. Review of General Psychology. 5, 323?370.

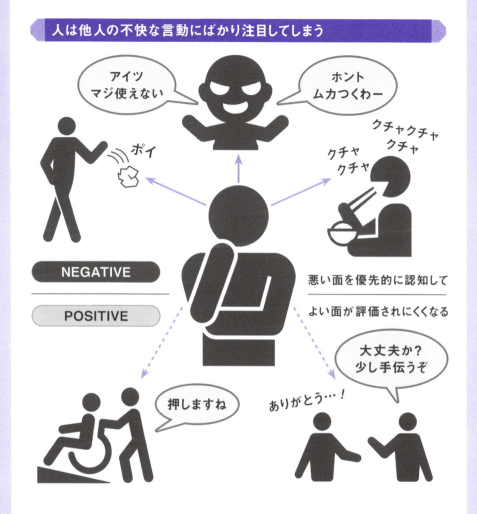

chapter 11

「うちの子が一番かわいい」は幻想？

内集団バイアス

集団によって「ひいき度」が変わる

家族にとって自分の子どもや孫は他の誰よりもかわいく輝いて見えるものです。それは犬や猫などのペットであっても同様。たとえ容姿端麗でなくても、成績がクラスで下のほうだとしても、それらすべてを含め、家族にとっては「うちの子が一番！」なのです。こうした感情を世間では「家族愛」といいますが、実はそこにも心理的なバイアスが働いているのです。

　このように**家族を好意的に評価する心理傾向を「内集団《ないしゅうだん》バイアス」といいます。**その対象となるのは家族だけでなく、自身に関わりのある組織や集団のすべて。会社の同僚や地元の友だち、さらには普段あまり付き合いのない町内会、偶然同じバスに乗り合わせた人々さえもあなたが所属する集団の1つと見なすことができます。内集団バイアスはこうしたすべての集団に対して働き、**自身と結びつきが強い集団（内集団）をより好意的に高く評価し、それより関係性が弱い集団（外集団《がいしゅうだん》）ほど軽視されることがわかっています。**家族はもっとも身近で結びつきの強い存在ですから、誰と比べても「家族が一番」と感じるのは当たり前のことなのです。

　一方で内集団バイアスは、内集団への好意が裏返って外集団への嫌悪感に発展してしまうこともあります。好きな気持ちが強すぎると気づかずに陥ってしまいがちなので注意が必要です。

関係性の強い集団ほどバイアスがかかる

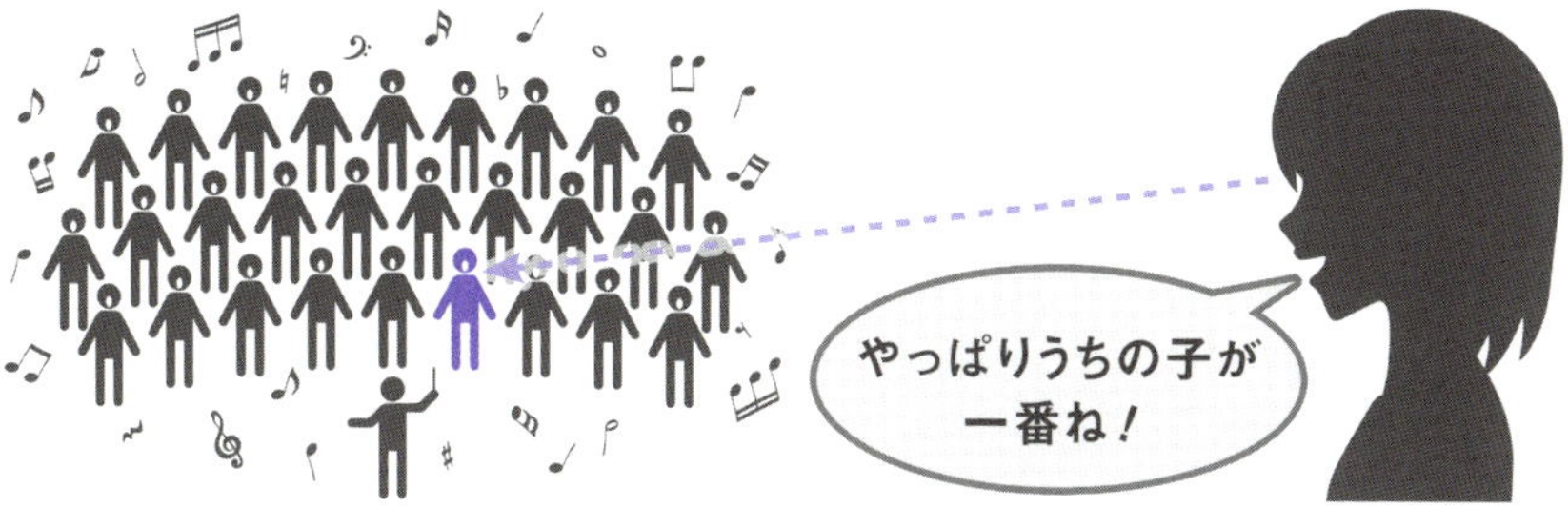

集団との関係性によって評価は異なる

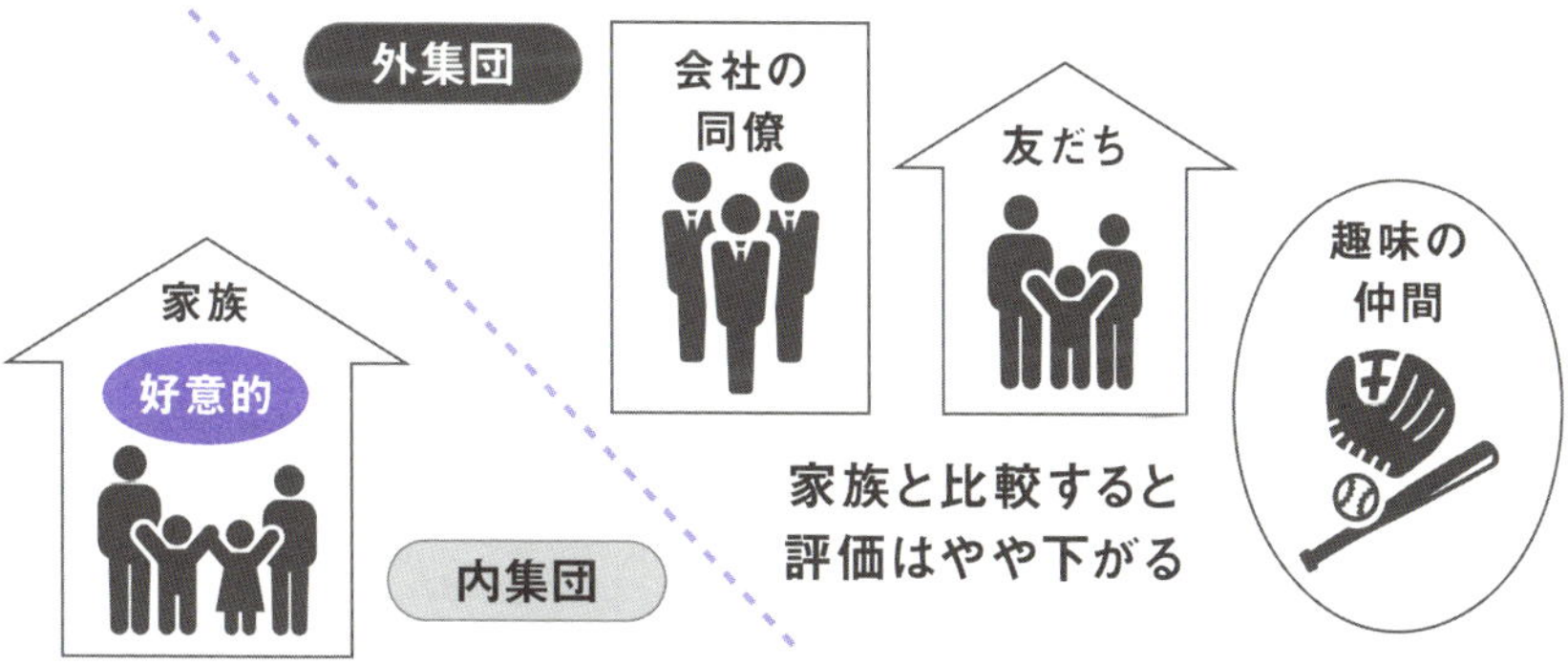

内集団バイアス とは、自身が所属する集団同士を比較し、より結び付きが強い集団（内集団）を好意的に評価するバイアスのこと

参考文献

Henri Tajfel, Michael Billig, Roert Bundy and Claude Flament. Social Categorization and Intergroup Behavior, European journal of Social PsychoLogy: 1, 149-178, 1971.

Muzafer Sherif, O.J.Harvey , Jack White, WilLiam Hood and Carolyn Sherif, The Robbers Cave Experiment: Intergroup Conflict and Cooperation, Wesleyan University Press, 1988.

安藤香織/杉浦淳吉(編著)「暮らしの中の社会心理学」ナカニシヤ出版、2012年。

亀田達也/村田光二「複雑さに挑む社会心理学:適応エージェントとしての人間」有斐閣(有斐閣アルマ)、2000年。

Thomas Pettigrew." The Ultimate Attribution Error: Extending Allport's Cognitive Analysis of Prejudice," Personality and Social Psychology Bulletin: 5,461-476, 1979.

Henri Tajfel and John Turner, An Integrative Theory of Intergroup Conflict, The Social psychology of intergroup relations, edited by William Austin and Stephen Worchel, Brooks Cole, 33-47, 1979.

村田光二『韓日W杯サッカー大会における日本人大学生の韓国人、日本人イメージの変化と自己奉仕的帰属』日本グループ・ダイナミックス学会第50回大会発表論文集、122-123、2003年。

chapter 12

人の行動は性格のせいばかりではない

対応バイアス

他者の言動はすべて性格のせい？

人は何かの出来事を目撃すると、それが起きた原因（答え）を求めてしまうものです。たとえば、中年の女性が興奮した口調で電話をしていたとします。その様子を見て「性格キツそうな人だなぁ」とか「ヒステリー？　中年になると多いっていうよね」などと考えてしまう人も多いのではないでしょうか？　このように**人の言動に何らかの原因を求めることを「原因帰属」といい、その原因が相手の性格や普段の行い、能力などに起因するものと決めつけてかかる心理を「対応バイアス」と呼んでいます。**

左ページは、対応バイアスが起きている状況をイラストにしたもの。短期間に続けて交通事故を起こした社員に対し、同僚たちは「スマホでも見てたんじゃない？」と噂話をしています。ここで重要なのは、「先月も事故を起こした」のは事実でも、「スマホを見ていた」「あの人ならやりそう」は一方的な決めつけだということ。実際には「飛び出してきた子どもを避けた」「後ろの車に追突された」など、別の状況的な原因があったかもしれません。よく**事実を確認せずに推測で相手を判断することは、偏見を生むきっかけにもなります。**自分の考えにバイアスがかかっていないか、つねに客観視する癖をつけることで、無意識の思い込みや決めつけに感情を揺さぶられることも減らせるのです。

普段の言動がバイアスを生む原因に

またか!?
▼事実▼
あれ? 先月も
事故ってたよね?
▼事実▼
営業の○○さん
また事故だって
▼決めつけ▼
あー、
○○さんなら
ありそう…
▼決めつけ▼
運転中に
スマホでも
見てたんでしょ

他人の言動をその人の性格や能力のせいだと決めつけて考えてしまうのが 対応バイアス

対応バイアスを回避する3つの視点

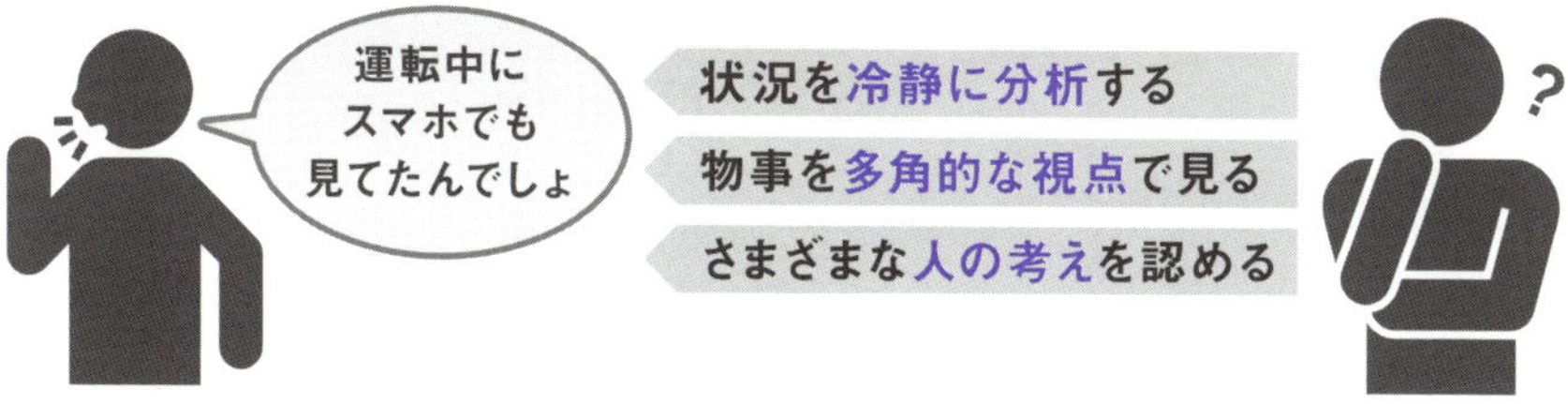
運転中に
スマホでも
見てたんでしょ
状況を冷静に分析する
物事を多角的な視点で見る
さまざまな人の考えを認める
?

参考文献

Edward Jones and Victor Harris, "The Attribution of Attitudes," Journal of Experimental Social Psychology: 3, 2-24, 1967.

Edward Jones and Richard Nisbett, The Actor and the Observer: Divergent Perceptions of the Causes of Attribution: Perceiving the Causes of Behavior, General Learning Press, 1972.

David Myers. Social Psychology, McGraw-Hill, 1987.

Lee Ross, The Intuitive Psychologist and Its Shortcomings: Distortions in the Attribution Process, Advances in experimental social psychology, edited by Leonard Berkowitz, Academic Press, 174-221, 1977.

吉田寿夫『人についての思い込み I』北大路書房、2002年。

chapter 13

成功したときだけ自分の手柄を強調する人

セルフ・サービング・バイアス

誰だって失敗を認めたくはない

成功はちゃっかり自分の手柄にして、失敗はすべて部下のせい。あなたの回りにこんな嫌な上司や先輩はいませんか？　こうした自分をひいきしてしまうバイアスは大なり小なり誰にでも備わっているものです。

たとえばあなたがとても大切な試験に合格したとします。その要因を聞かれたときにどう答えるでしょうか？　謙遜しながらも自分の努力や能力をチラつかせてしまう人は多いと思います。一方、試験に失敗したときは、「忙しくて勉強する時間がなかった」とか「その日は体調が悪かった」などと原因を自分以外の何かのせいにしてしまいがち。このように**多少事実と違っていても自分に都合よく解釈し、結論づけようとする心理傾向のことを「セルフ・サービング・バイアス」といいます。**つねに自分にとって有利な解釈をすることで自尊心を傷つけることなく、精神的な健康（メンタルヘルス）の維持にも貢献しているのです。

一方で**強すぎるセルフ・サービング・バイアスは人を傲慢にし、成長を阻害する原因にもなります。**成功したときは嬉しい気持ちを抑えて少し控えめに。逆に失敗したときは自分の解釈が客観的事実と大きく乖離《かいり》していないか、冷静に俯瞰《ふかん》してみましょう。バイアスの存在に気づけば、きっと自制もできるはずです。

手柄は自分、失敗は誰か（何か）のせい？

事故の回避に成功した場合

成功したのは……

・自分の運転技術のおかげ
・日頃から安全運転してるから

と考えてしまいがち

事故を起こしてしまった場合

失敗したのは……

・雨でスリップしたせい
・車の調子が悪かったから

と考えてしまいがち

自分に都合よく解釈してしまう心理傾向が
セルフ・サービング・バイアス である

参考文献

Miller, D. T & Ross, M. (1975). Self-serving biases in the attribution of causality: Fact or fiction?. Psychological Bulletin 82: 213-225.
北山 忍 (1998). 自己と感情ー文化心理学による問いかけ　日本認知科学会(編) 認知科学モノグラフ9　共立出版

chapter 14

ダメな異性に惹《ひ》かれてしまう理由

感情ヒューリスティック

好きな気持ちがリスクを歪める

ある物事や状況を直感的に判断する「ヒューリスティック」については14ページで紹介していますが、そのうち**「好き・嫌い」といった感情を判断材料にしてバイアスがかかることを「感情ヒューリスティック」といいます。**判断の基準となるのが感情、すなわち主観的な捉え方になるため、バイアスが強く働くのは当たり前。対象を「好き」と感じることで、一般的には劣っている、好ましくないとされる部分が見えづらくなります。

感情ヒューリスティックによって生じるバイアスをわかりやすく表したのが左ページの図です。左側のAくんは粗暴で借金癖があり、しかも浮気性と恋愛対象としては非常にリスクの高い人物ですが、一方で女性を惹きつける魅力も備えています。そんな彼のことを一度**「好き」になってしまうと強力なバイアスがかかり、明らかなリスクも過小評価してしまうのです。**周囲の反対も聞かず、ダメな異性に惹かれてしまう人がいるのは、感情によって適切な判断ができなくなった結果というわけです。

反対にBくんのような平凡だけどいい人は、その魅力が直感的に伝わりにくいため、なかなか異性に関心を持ってもらえません。**地味さや真面目な性格がマイナスの印象を与え、さらに評価を下げてしまうことさえあります。**

恋愛における感情ヒューリスティック

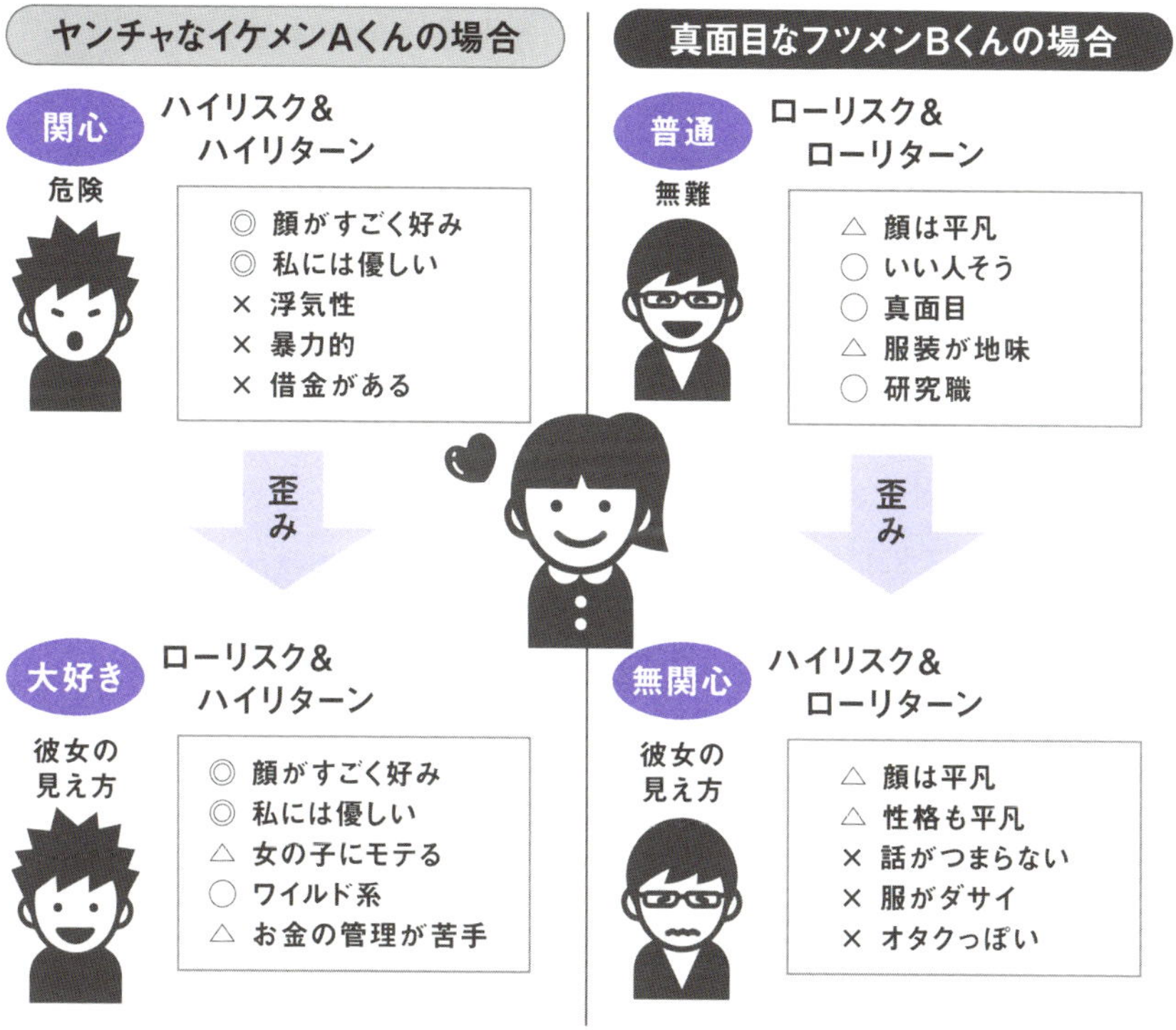
ヤンチャなイケメンAくんの場合
関心
危険
ハイリスク&
ハイリターン
◎ 顔がすごく好み
◎ 私には優しい
× 浮気性
× 暴力的
× 借金がある
歪み
大好き
彼女の
見え方
ローリスク&
ハイリターン
◎ 顔がすごく好み
◎ 私には優しい
△ 女の子にモテる
○ ワイルド系
△ お金の管理が苦手
真面目なフツメンBくんの場合
普通
無難
ローリスク&
ローリターン
△ 顔は平凡
○ いい人そう
○ 真面目
△ 服装が地味
○ 研究職
歪み
無関心
彼女の
見え方
ハイリスク&
ローリターン
△ 顔は平凡
△ 性格も平凡
× 話がつまらない
× 服がダサイ
× オタクっぽい

好きなものはメリットを高く、デメリットを低く評価し、
関心がないものには真逆の評価してしまう

好き・嫌いの感情でリスク判断に歪みが生じる現象で
感情ヒューリスティックと呼ばれる

参考文献

MELISSA L. FINUCANE, ALI ALHAKAMI, PAUL SLOVIC and STEPHEN M. JOHNSON, "The Affect Heuristic in Judgments of Risks and Benefits", Journal of Behavioral Decision Making, 13(1):1-17 (2000)
Paul Slovic, Melissa L. Finucane, Ellen Peters, Donald G. MacGregor, "The affect heuristic", European Journal of Operational Research, (2007)
Shafir, E., Simonson, I. and Tversky, A. "Reason-based choice", Cognition, 49 (1993)
Thomas Gilovich, Dale Griffin, Daniel Kahneman, "Heuristics and Biases: The Psychology of Intuitive Judgment", Cambridge University Press, (2002)
Paul Slovic, Melissa L. Finucane, Ellen Peters, Donald G. MacGregor, "Risk as Analysis and Risk as Feelings: Some Thoughts about Affect, Reason, Risk, and Rationality", Risk Analysis, Vol. 24, No. 2, (2004)

「絶対に」はありえない

——他に近年で気をつけるべき認知バイアスはありますか？

「グル効果」には気をつけてほしいですね。「グル」というのは、サンスクリット語の「荘厳な」という意味から「指導者」を指すようになった言葉です。「グル効果」というのは、人間は、知らない世界のことを語る「教祖」の発言に必要以上に感銘を受けてしまう傾向を指します。なぜ宇宙が存在するのか、自分は何のために生きているのか、死とは何かなどについて、誰も明確な答えは知りません。ところが、これらの難問に堂々と答える「教祖」がいると、この人物を過大評価してしまう。場合によっては騙されて多大な金銭を奪われ、人生を台無しにすることもある。

実は、知性が低く能力のない人間ほど、根拠のない自信を持ちがちだという「ダニング＝クルーガー効果」があります。「グル」の特徴は、わかってもいないのに「確実に」「絶対に」「100%」などと断定する点にある。信者からすると、これが非常に頼もしく見えるんですが、知的な人であればあるほど、この世界に「絶対」がないことを知っていますから、そんな言葉は使わない。たとえば、「あなたは、こういう病気に罹《かか》っていて、手術をすれば70%は全快するが、30%は後遺症の可能性がある」と言うのが名医です。逆に、「絶対に治る」とか「100%大丈夫」などと根拠なく発言する医者は、怪しい。とくに大事な家族が重病に罹ったような場合、自信たっぷりな医者を信じてしまいがちですが、その種の「グル」に騙されないように。信頼できるのは、治療のメリットとデメリットをフェアに話す医者です。

第3章

社会生活と認知バイアス

chapter 01

なぜ占いは当たるのか？

バーナム効果

占い師がよく使うテクニック

あなたは占いを信じるほうですか？　これだけ科学が発達しても、テレビでは毎朝占いが流され、占いビジネスはネットでも大人気です。

実は、この占いの内容にも認知バイアスが働いています。

たとえば、「あなたはときどき自信をなくして落ち込んでしまうことがありますね」と言われたらどうでしょう。多くの人は「その傾向はあるかもしれない」と感じるはずです。なぜなら、それは実際に大多数の人が経験していることだからです。

このように、**多くの人に当てはまるようなことを告げられたとき、それを信じてしまう傾向があることを「バーナム効果」といいます。**

その根底にあるのは、人は自分に都合のよいものを集めて、都合のいいように解釈してしまうというバイアスです。

もちろん、占いの結果を信じて、自分を励まし、欠点を直すというようなことがあれば、それは有用でしょう。しかし、逆に悪い占いを信じて、自信をなくしてしまうようなことがあれば、それは避けなければなりません。

占いの内容には、バーナム効果が使われていること、自分が信じてしまいがちになるのはその影響下にあることを認識して、正しく理解することが大切なのです。

占い師の言葉は多くの人に当てはまる

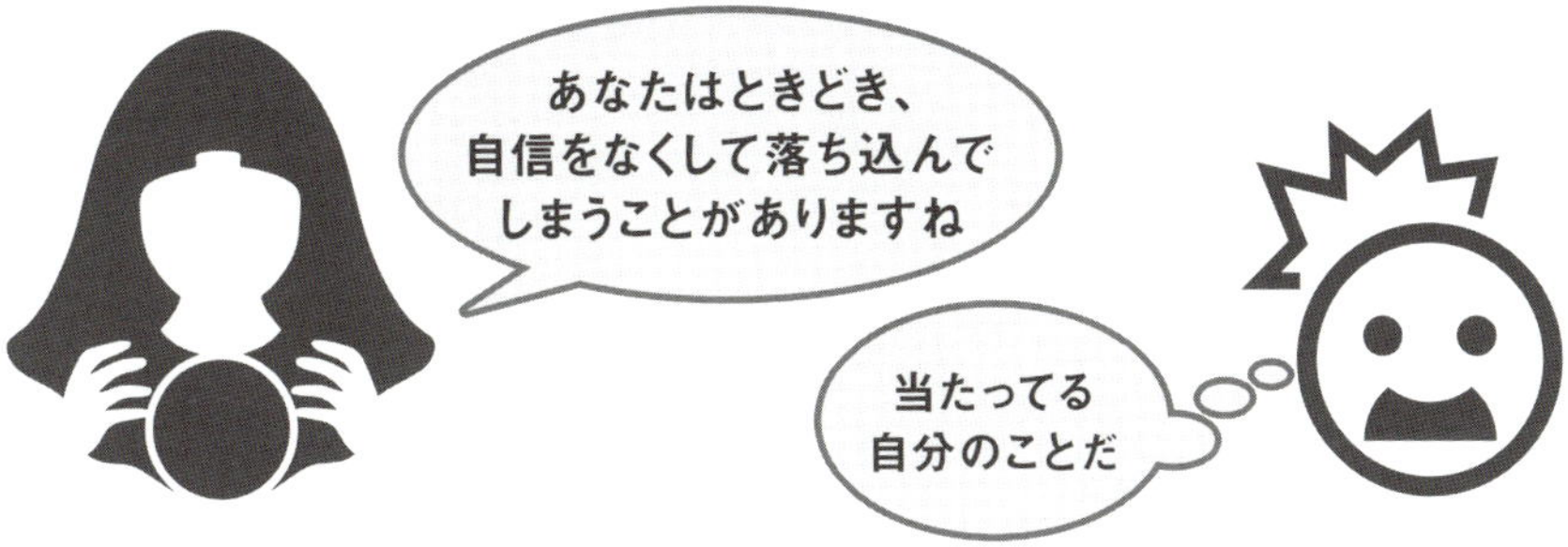
あなたはときどき、
自信をなくして落ち込んで
しまうことがありますね
当たってる
自分のことだ

バーナム効果

誰にでも当てはまるようなことを言われたとき、
自分のことを言い当てられたように感じてしまうこと

多くの人に当てはまる言葉の例

あなたは、努力は
必ず報われるわけではない
と考えていますね

他の人の気持ちを
考えずに相手を傷つけてしまった
ことがありますね

好きな色の
アイテムを身につけていると
よいことがあります

自分は
「運がよいほうだ」と
思っていますね

バーナム効果というものがあり、その影響を受けてしまう
ということを認識した上で、考え、行動することが重要

参考文献

菊池総／谷口高士／宮元博章 編著『不思議現象：なぜ信じるのかこころの科学入門』、北大路書房、1995年。

Hans Eysenck and David Nias,Astrology：Science or Superstition? Temple Smith,1992.[H.J.アイゼンク／ D.K.B.ナイアス(岩脇三良・浅川潔司共訳)『占星術：科学か迷信か』誠信書房、1996年。]

Paul Meehl,“Wanted-A Good Cookbook,”Ametixan Psycologist：11,263-272,1956.

chapter 02

血液型分類は当たる？ 当たらない？

ステレオタイプ

イメージに惑わされない

世の中にはさまざまな偏見が溢れています。その偏見を生む1つの要因が「ステレオタイプ」です。

ステレオタイプとは、ある集団に対し、個人の違いを無視して、1つの特徴でまとめて捉えることを指します。

その代表例が血液型です。A型は几帳面、B型はマイペース、O型はおおざっぱ、AB型は変わり者、などという分類がよくされます。しかし、近年の研究によれば、血液型による性格分類は、科学的な根拠に乏しく、否定されています。

ではなぜ、そのようなカテゴリー分けをしたがるのでしょう。実は、あるグループに対して、1人ずつ詳細に把握するよりも、まずは共通する部分を把握してから、個々の違いを知るほうが効率的と考えるからなのです。

そのため、ステレオタイプは、性別、職業、出身地など、さまざまな分野で使われます。確かに、特性上それが当てはまる場合もあるでしょう。しかし、**「そのカテゴリーに属している」から、どの人も同じような特性を持っていると考えるのは、差別にもつながりかねません。**

どんなカテゴリーの人と接するにしても、その人1人1人の性格をよく見て、特性を知っていくことが重要なのです。

さまざまなステレオタイプ

ステレオタイプの例
血液型
A
O
B
AB
A型は
細かい
職業
医者だから
真面目
性別
女性だから
感情的
出身地
東北の
人は無口

ステレオタイプ

特定のカテゴリの人に対し、画一的なイメージで見てしまうこと

➡偏見や差別につながる恐れがある

ステレオタイプについて
正しい知識を持つ

相手やその
カテゴリーのことをよく知る

これらのことで、差別や偏見を減らすことができる

参考文献

Claudia Cohen,"Person Categories and Social Perception : Testing Some Boundaries of the Processig Effects of Prior Knowledge,"Journal of Personality and social Psychology : 40,441-452,1981.

David Hamilton,Cognitive Processes in Stereotyping and Intergroup Behavior,Psychology Press,2017.

David Hamilton and Robert Gifford."Illusory Correlation in Interpersonal Perception : A Cognitive Basis of Stereotypic Judgements,"Journal of Experimental Social Psychology : 12,392-407,1976.

上村晃弘／サトウタツヤ『疑似性格理論としての血液型性格関連説の多様性』パーソナリティ研究：15(1)、pp.33-47、2006年。

日本赤十字社　東京都赤十字血液センター、8月号　『ABO式血液型』2020/09/06

佐藤達哉『ブラッドタイプ・ハラスメント：あるいはABの悲劇』詫摩武俊／佐藤達哉編　現代のエスプリ324『血液型と性格』至文堂、1994年。

chapter 03

▼誰もが勝ち馬には乗りたくなる理由▲

バンドワゴン効果

支持を集めたものに人は集まる

「勝ち馬に乗る」という言葉があります。何かを選択するとき、事前に勝ちそうだとわかっているものを支持することですが、このような現象を「バンドワゴン効果」と呼びます。

バンドワゴンとは、パレードの先頭に位置する、楽隊を乗せた車のことです。そこから、「流行に乗る」というような意味で、「バンドワゴンに乗る」という使われ方をします。

その代表的な例が選挙です。近年選挙では、投票行動の事前調査が行なわれ、「○○党が優勢」といった情報が発表されます。それを聞くと、「多くの人が支持しているのだから間違いないのでは」「自分も当選する人に一票を投じたい」という意識が働き、優勢だった候補がより多くの票を集める結果となります。

このような意識は、マーケティングの手法としても多く使われます。売上の多い商品が出ると、「みんなが使っているのだからよいものに違いない」という意識から、より売上が伸びるのです。広告でよく見る「○万人が愛用中」「シェアナンバー1」といった見出しも、バンドワゴン効果を狙ったものです。

大勢の人に同調するのは悪いことではありません。しかし、本当に自分がそれを必要としているか、今一度考えてから行動するのがよいでしょう。

勝ち馬に乗りたくなるメカニズム

選挙における **バンドワゴン効果**

事前調査では
A候補が優勢

・特に支持している候補がいない

・優勢な候補に入れておけば間違いない
・多くの人が支持しているなら問題ないだろう

→ 多くの人が投票し、大勝する

バンドワゴンに乗る

会議の場などで、賛成が多いとそちらに賛同してしまうのも同様の効果から！

バンドワゴン効果を利用したマーケティング

みんなが使ってるなら安心。
私もこれを買おう

購入者◯万人突破

シェア全国No.1

この手法を知っていれば、
企業の策略に踊らされることはない

参考文献

Elisabeth Noelle-Neumann, The Spiral of silence, 1993.[E.ノエル=ノイマン(池田謙一・安野智子訳)『沈黙の螺旋理論: 世論形成過程の社会心理学』北大路書房、2013年。]

Elisabeth Noelle-Neumann and Thomas Petersen, The Spiral of Silence and the Social Nature of Man, Handbook of Political Communication Research, edited by Lynda Kaid, Lawrence Erlbaum Associates, 2004.

Harvey Leibenstein, "Bandwagon, Snob, and Veblen Effects in the Theory of Consumers' Demand," The Quarterly Journal of Economics: 64(2), 183-207, 1950.

chapter 04

「意図的な見せ方」に注意！

グラフの誤用

意図的なグラフは作れる

テレビのニュースや、広告、書籍などで多く見られるグラフ。棒グラフや折れ線グラフ、円グラフなど種類はさまざまですが、いずれも大量のデータを1枚の図に表し、視覚的に情報を読み取ることができるという点で、実に役立つ存在です。

しかし、このグラフも、意図的に見せ方を工夫することができるので、注意が必要です。

たとえば、棒グラフであれば、縦軸を0から始めず、比較したい部分のみを強調することができます。そのため、実際にはあまり差がついていないのに、**あたかも大きな差があるように見せることができるのです。**

また、折れ線グラフでは、横軸の項目が重要です。会社の業績などを示す際、意図的に売上の下がった月を削除し、右肩上がりに見せることなどもできます。

最後は3Dの円グラフです。一見ビジュアル的で見やすく思えますが、実は、手前に来る項目が一番多く見えてしまうという欠点があるのです。

このような例はまだまだたくさんあります。**グラフを見るときには、正確な情報がもれなく入っているか、また、見せ方に相手の意図が含まれていないかに十分注意して判断することが大切です。**

誤用されやすいグラフ

❶ 棒グラフ

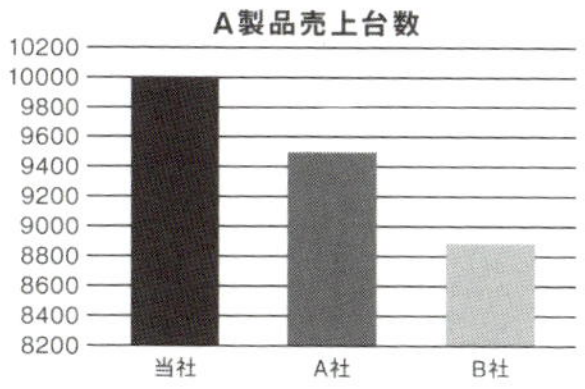

×

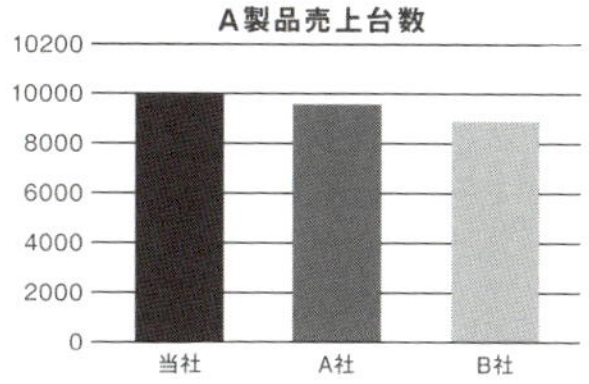

○

目盛りが0から始まっておらず、意図的に細かくされている。**実際には大きな差はないが、その差が大きいかのように見せる意図がある**

❷ 折れ線グラフ

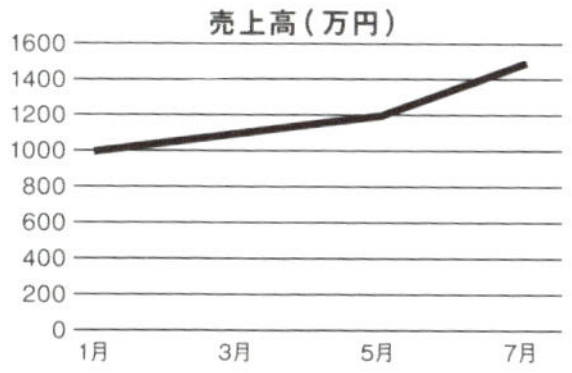

×

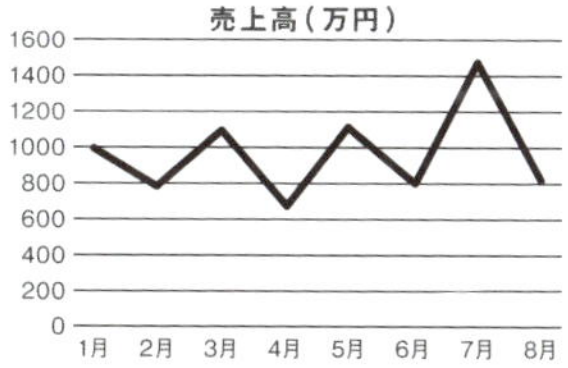

○

意図的に、ピックアップする横軸（月）が省かれており、**右肩上がりのように見えてしまう**

❸ 3Dグラフ

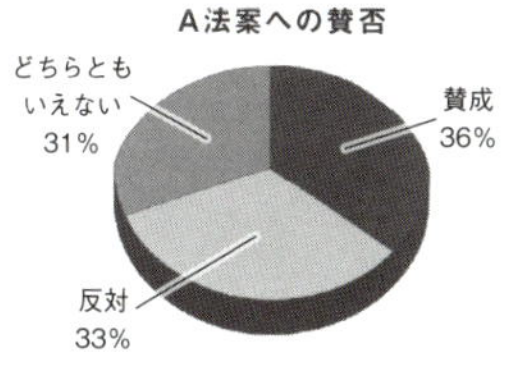

×

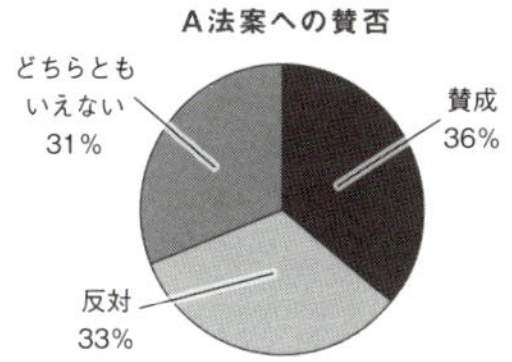

○

3Dグラフにすることによって、**2番目に多い回答が1番多いかのように見えてしまう**

意図を持って作られたグラフには注意が必要

参考文献

Alberto Cario,"How Charts Lie：Getting Smarter about Visual Infomation,"W.W.Norton & Company,2019.[アルベルト・カイロ(藪井真澄訳)『グラフのウソを見破る技術』ダイヤモンド社、2020年。]

Darrrel Huff."How to Lie with Statistics,"W.W.Norton & Company,1954.[ダレル・ハフ(高木秀玄訳)『統計学でウソをつく法』講談社(ブルーバックス)、1968年。]

Gary Smith,"Standard Deviations：Flawed Assumptions,Tortured Data,and Other Ways to Lie with Statistics,"Harry N.Abrams,2014.[ゲアリー・スミス(川添節子訳)『データは騙る：改竄・捏造・不正を見抜く統計学』早川書房、2019年。]

Cart Bergstrom and Jevin West,"Callin Bullshit：The Art of Skepticism in a Data-Driven World,"Random House,2020.[カール・バーグストローム／ジェヴィン・ウエスト(小川敏子訳)『デタラメデータ社会の嘘を見抜く』日本経済新聞社出版、2021年。]

Howard Wainer,"How to Display Data Badly",The Ametican Statistician：28,137-147,1984

chapter 05

リモートワークが広がらないのはなぜ？

システム正当化バイアス

現状が正しいと思いがち

コロナ禍を経て、多くの企業で導入されたリモートワーク。緊急事態宣言中はある程度進んでいましたが、現在では、その数値は減少しています。なぜ日本にはリモートワークが根付かないのでしょうか。

そこには、「システム正当化バイアス」が働いていると考えられます。

システム正当化バイアスとは、現状のやり方が存在していること自体に価値を見出し、それを正当化しようとする働きのこと。つまり、人は新しい習慣やシステムをなかなか受け入れられないのです。

このような例は、会社の働き方や、時代遅れの校則など、多くの場で見られます。なぜそのようなバイアスが働くのでしょうか。

実は、人は現状で感じている不都合よりも、予測できない不安のほうを大きく感じます。「このままだといつまでたっても改善されないな」という不満より、「新しいやり方で、何か別の問題が起きたらどうしよう」という気持ちのほうが大きいのです。

システム正当化バイアスに囚われすぎると、システムや社会生活における進歩は望めません。そのようなバイアスがあるということを認識し、それを打ち破っていくことで、現状を変えていくことができるようになります。

これまでやってきたことが正しいと思ってしまう

システム正当化バイアス の例

会社の仕組み・やり方

- サービス残業
- 対面での仕事

学校の規則

- 理由のはっきりしない服装
- 行動の制約

始めたときには意味があったが、
時代の変化とともにその意味が変化していく

↓

システム正当化バイアスにより、
簡単には変えられなくなっている

変えていくことには怖さがともなう

多少の不都合はあっても同じことを続ける → ・どうなっていくか想定できる ・安心

これまでのやり方を変える → ・どうなるか想定できない ・不安

↓

現状を維持して、安心したいという気持ちから、
システム正当化バイアスが生まれる

参考文献

John Jost and Mahzarin Banaji, "The Role of Stereotyping in System-Justification and the Production of False Consciousness," British Journal of Social Psychology, 33, 1-27, 1994.

沼崎城/石井伺雄『日本の犯罪状況の悪化情報が現システムの正当性認知に及ぼす効果』日本心理学会第73回大会発表論文集 116、2009年。

chapter 06

とりあえず選ぶときに真ん中を選びがちになる理由

極端性の回避

真ん中なら安心する心理

毎日の食事や、欲しいものを買うときなど、私たちは常に、その値段が高いか安いかを判断しています。そのものの絶対的な価値だけではなく、実は、「それが他と比べて高いか安いか」も判断材料になってくるのです。

たとえば、天丼を食べに行って、２０００円の「上」と、１０００円の「並」があったとき、安いほうを選ぶ人は多いでしょう。しかし、ここに、真ん中の１５００円のものがあったらどうでしょう。多くの人は、真ん中の１５００円を選ぶのです。これを**「極端性の回避」といい、日本では、〝松竹梅効果〟と呼ばれることもあります。**

極端性の回避には、いくつか理由があります。まずは、相対性です。そのもの自体の価値を見極めるのが難しいとき、他と比較して価値を判断するのです。これにより、**「真ん中であれば、それ相応の価値はあるだろう」という気持ちが生まれ、それを選ぶようになります。**

もう1つは、損失回避です。もし、一番高いものを買って、その性能があまりよくなかった場合、損をした気持ちになります。また、一番安いものだと、品質が悪い可能性があるでしょう。その点、**真ん中のものであれば、それなりの性能が期待でき、また、失敗しても大きな損失にはならないという気持ちになるのです。**

選択肢の数によって判断が変わる

・天丼（上）… 2,000円
・天丼（並）… 1,000円
並でいいかな
真ん中の竹にしよう
・天丼（松）… 2,000円
・天丼（竹）… 1,500円
・天丼（梅）… 1,000円

選択肢が3つになることで、真ん中のものを選ぶ人が増える

極端性を回避する

極端性を回避する理由

❶ 相対性

そのもの自体の価値を見極めるのが難しいとき、他と比較して価値を判断する

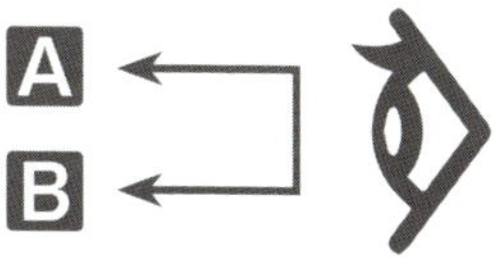
A
B

❷ 損失回避

一番高いものや安いものではなく、バランスの取れたものであれば、失敗する可能性が低いと考える

参考文献

Dan Ariely, “Predictably Irrational,” Harper, 2010. [ダン・アリエリー (熊谷淳子訳)『予想どおりに不合理: 行動経済学が明かす『あなたがそれを選ぶわけ』』早川書房、2013年]

Dan Ariely and Jeff Kreisler, "Dollars and Sense: How We Misthink Money and How to Spend Smarter," Harper, 2017. [ダン・アリエリー／ジェフ・クライスラー (櫻井祐子訳)『無料より安いものもある:お金の行動経済学』早川書房、2021年。]

Eldar Shafir, “The Behavioral Foundations of Public Policy," Princeton Univ Press, 2012.[エルダー・シャフィール (白岩祐子／荒川歩訳)、『行動政策学ハンドブック: 応用行動科学による公共政策のデザイン』福村出版、2019年。]

Itamar Simonson and Amos Tversky, "Choice in Context: Tradeoff Contrast and Extremeness Aversion," Journal of Marketing Research: 29, August, 281-95, 1992.

友野典男『行動経済学 経済は「感情」で動いている』光文社 (光文社新書)、2006年。

chapter 07

何も考えずみんなに合わせていると危険がいっぱい

ハーディング効果・同調バイアス

間違った意見にも同調してしまう

あなたは周囲の意見に流されがちなほうでしょうか？　「本当は違う意見だけど、みんなが言うなら合わせておこう」という心理は、誰にでもあることです。これを「ハーディング効果」、または「同調バイアス」といいます。

ハーディング効果については、アメリカの社会心理学者、ソロモン・アッシュが行なった実験が有名です。実験の参加者には、１本の直線が書かれた紙と、長さの違う3本の線が書かれた紙を見せます。そして、１本だけ書かれた紙の線と同じ長さの線を、３本書かれた線から選ばせるのです。

実はこの実験の参加者は１人だけで、ほかはみんなサクラです。そして、そのサクラの人たちは、みんな同じように違う長さの線を選ぶのです。そうすると、真の被験者である１人は、自分が違うと思っていても、他の人と同じ長さの線を選んでしまいます。

このような同調バイアスは、ときに危険な場合があります。たとえば、建物の中にいて火事に巻き込まれた際、みんなと同じように出口に殺到して将棋倒しが起きる可能性があります。

同調バイアスは必ずしも悪いものではありません。ただ、このような心理が働くということをよく認識し、正しい判断をすることができるようにしておきましょう。

人は周囲の意見に同調してしまいがち

アッシュの実験

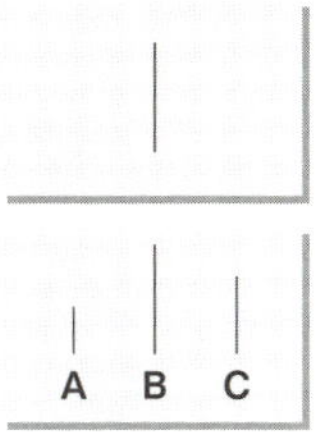

Q. 1枚目と同じ長さの線はどれ？

実際の参加者

他の回答者はサクラで、あえて間違った答えを回答する

75%の人は他の人と同じ回答をしてしまう

まわりの人がどうするかを参考にして、同じ行動をとる

ハーディング効果（同調バイアス）

同調バイアスの危険性

火事が起きた際、まわりの人と同じように出口に殺到する

将棋倒しが起きるなどして被害が大きくなる

参考文献

Vernon Allen, Social support for nonconformity, In Leonard Berkowitz (Ed.), Advances in experimental social psychology, Academic Press: 8, 1-43, 1975.

Solomon Asch, Effects of group pressure upon the modification and distortion of judgments, Group leadership, and Men, edited by Harold Guetzkow, Carnegie Press,
1951.

Solomon Asch, "Opinions and Social Pressure," Scientific American: 193, 31-35, 1955.

本間道子『集団行動の心理学:ダイナミックな社会関係のなかで』サイエンス社、2011年。

chapter 08

データを示すより1枚の写真のほうが力を持つ

身元のわかる犠牲者効果

「顔が見える」は何より大切

テレビのドキュメンタリー番組や、インターネットのクラウドファンディングなどで、「難病の◯◯ちゃんを救うために寄付を集めています」というような事例を見たことがあるのではないでしょうか。

一方、国際団体などによる「アフリカでは◯万人が飢餓に苦しんでいます」というような、データを前面に出した広告もよく目にすることでしょう。

このような2つの事例で、寄付が集まりやすいのは、個人を特定した前者なのです。

人は、相手の顔や経歴など、個人のデータがわかると、より協力的になります。これを「身元のわかる犠牲者効果」といいます。

これが起こる要因は、相手に親近感を持ったり、同情する気持ちが呼び起こされたりするためだと考えられています。

もう1つ、対象が◯万人などと大きい場合は、**「自分1人が行動を起こしても、たいした力にはならないのではないか」と考える、「焼け石に水効果」も寄付を控える要因の1つです。**

近年では、大きな団体の寄付でも、個人の顔写真を出すなど、身元のわかる犠牲者効果を利用したパターンは多く見られます。人の特性を理解し、相手に「寄付したい」と思わせるような工夫が必要なのです。

個人を認識すると同情されやすい

寄付を募るポスターの例

世界規模の問題（データ）に対する寄付の依頼

世界では
◯億人の人が飢えに
苦しんでいます

個人の問題に対する寄付の依頼

難病に苦しんでいる
◯◯さんを
救いましょう

→ 寄付が多く集まるのは個人的な問題に対するもの

個人を特定できるほうにより同情する

身元のわかる犠牲者効果

両方のメリットを合わせた例も

アフリカの
◯◯さんは
飢餓に
苦しんでいます

世界規模の問題を取り上げながらも、
個人の姿を出すことで、
同情を引くことができる

もう1つの要因「焼け石に水」効果

大勢寄付するだろうから、
自分1人が寄付したところで、
影響はないだろうという意識

参考文献

Dan Ariely, The Upside of Irrationality: The Unexpected Benefits of Defying Logic at Work and at Home, Harper Collins, 2010. [ダン・アリエリー(櫻井祐子訳)『不合理だからうまくいく: 行動経済学で「人を動かす」』早川書房、2014年。]

Deborah Small, George Loewenstein and Paul Slovic, "Sympathy and Callousness: The impact of Deliberative Thought on Donations to Identifiable and Statistical Victims,"Organizational Behavior and Human Decision Processes: 102, 143-153, 2007.

chapter 09

成功者の話ばかり聞いていると見落としがちなこと

生存者バイアス

成功体験ばかりを見てしまいがち

あなたは、会社の上司や先輩から「俺たちの頃は寝る間も惜しんで働いた」「そのおかげで今の地位を手に入れた」というような話を聞いたことがないでしょうか。もちろんそういった話を聞いて、「自分も同じようにして頑張ろう」と励みにすることは大切です。しかし、ここにもバイアスが働いていることに注意が必要です。

ここで見られるのは、「生存者バイアス」という、何かに成功したり、危機にあっても生き残ったりした人の話ばかりに目を向けてしまう傾向です。

たとえば、最初の会社の話であれば、同じように働いて体を壊してしまった人もいるでしょうし、会社を辞めてしまった人もいるでしょう。そうした人の存在に目を向けず、成功した人の話だけを鵜呑みにするのは、事実を見ていることにはならないのです。

あなたが、生存者バイアスに陥らないようにするためには、まず、**成功者の陰にいる、失敗者の存在に目を向けることです。**どんな人が、どのような理由で成功にたどり着けなかったのか、それを考えてみましょう。もう1つは、成功する結果だけでなく、**そのプロセスを考えてみることです。**それぞれのプロセスに、失敗する可能性はないのか、そこまで考えていけば、生存者バイアスに陥らずにすむでしょう。

成功者の陰にある人たちに目を向ける

会社の上司の例

私が若い頃には、
寝ないで働いて
成果を上げた。
そのおかげで現在の
役職になった。

成功した人の経験談は
多く耳に入ってくる

しかしその陰には…

- 出世競争から脱落した人
- 会社を辞めた人
- 体調を崩した人 など

多くの失敗体験がある

生き残った人、成功した人の話ばかりを見てしまう

生存者バイアス

生存者バイアスに陥らないためには

成功者の陰には失敗した人の
存在があることに目を向ける

成功するまでの結果だけでなく、
そのプロセスについても確認する

参考文献

Daniel Kahneman and Amos Tversky, "Availability: A Heuristic for Judging Frequency and Probability," Cognitive Psychology: 5, 207-232, 1973.
Gary Smith, "Standard Deviations: Flawed Assumptions, Tortured Data and Other Ways to Lie With Statistics," Duckworth, 2016. [ゲアリー・スミス (川添節子訳)『データは騙る』早川書房、2012年。]
Drazen Vnuk et al., "Feline High-rise Syndrome: 119 cases (1998-2001)," Journal of Feline Medicine & Surgery: 6, 305-312, 2004.
Abraham Wald, "A Method of Estimating Plane Vulnerability Based on Damage of Survivors," Statistical Research Group, Columbia University: CRC 432, 1943.

chapter
10

▼井の中の蛙《かわず》にならないためには？▲

ダニング=クルーガー効果

広い世界を見る意味

勉強でもスポーツでも、自分に自信を持つというのは大切なことです。それにより、「もっと能力を伸ばそう」という意欲が生まれ、さらに力をつけることができるでしょう。

しかし、そこで注意したいのは、自分の持つ能力が、どの範囲内で優れているのかという点です。

たとえば、地元の高校で一番の成績を取ったとしても、もっと多くの優秀な人が集まる大学へ行けば、「自分の実力はたいしたことはない」と実感するかもしれません。

このように、**狭い世界での環境にいることにより、自分の実力を過信してしまうバイアスを、提唱した2人の研究者の名前をとって、「ダニング=クルーガー効果」といいます。**

このバイアスについて調べた研究によると、能力が低い人ほど、本当の実力以上のものがあると感じてしまうという結果が出ています。つまり、自分の実力が見えていないというわけです。

この効果に陥らないためには、「メタ認知」が必要です。メタ認知とは、自分自身を客観的に見ること。自分の力を過信せず、**できるだけ広い世界を見ることによって、自分の本当の力が見えてきます。**そして、それを知ったうえで、より高みを目指して努力するのが、あるべき姿なのです。

自分を客観的に見る力が必要

自分の実力を知る

○○高校
《成績》
1位○○
・
・
1位か、自分は頭がいい
○○大学
《成績》
1位××
・
・
100位○○
100位…自分よりすごい人がいる

狭い世界ではトップの力があっても、広い世界ではそれほどでもない

自分の知識不足から、能力を過信してしまう

↓

ダニング＝クルーガー効果

このバイアスに陥らないためには、メタ認知が必要

- 自分自身を客観的に見る
- 自分の力を過信しない
- 他人に対しても正しく把握する
- できるだけ広い世界を見る

参考文献

Justin Kruger and David Dunning, "Unskilled and Unaware of It: How Difficulties in Recognizing One's Own Incompetence Lead to Inflated Self-Assessments," Journal of Personality and Social Psychology: 77(6), 1121-1134, 1999.

Katherine Burson, Richard Larrick and Joshua Klayman, "Skilled or Unskilled, But Still Unaware of it: How Perceptions of Difficulty Drive Miscalibration in Relative Comparisons," Journal of Personality and Social Psychology: 90 (1), 60-77, 2006.

Robert Levine, The Power of Persuasion. How We're Bought and Sold, John Wiley and Sons, 2003. [ロバート・レヴィーン (忠平美幸訳)『あなたもこうしてダマされる』草思社、2006年。]

chapter 11

組織に貢献するのは2割の人

パレートの法則

利益の80%は、20%の社員が稼ぐ

あなたのまわりには、いつも仕事をサボっているように見える人はいませんか？ 逆に、人の何倍も働いて、業績を上げている人はいないでしょうか。実はこれ、ある程度の人数が集まる組織では、一般的なことなのです。

ここで紹介する「パレートの法則」によれば、会社などの組織の中で、成果の80%は、全体の20%の社員が挙げているとされます。一方で、普通に働いている人は60%程度、そして、あまり働かない人が20%となります。これは、2：6：2の法則として知られています。

実は、このような割合は、人間の世界だけではありません。アリの集団を対象とした研究によれば、働くアリは2割、怠《なま》けるアリも2割存在します。そして、怠ける2割のアリを取り除いても、また、残った集団のうち2割は怠けだすのです。

この、2割と8割の法則は、さまざまなシーンで見られます。例えば、会社の発注量では、2割の顧客が8割の注文を出しているとされますし、税金に関しては、納税者の2割が納税総額の8割を負担しているとされます。

では、このような状態で、会社の利益を挙げるにはどうしたらいいでしょうか。そのためには、**優秀な人材を採用して、能力の底上げを図るなどの方策をとるしかないのです。**

組織に共通する2：8の法則

働きアリの法則

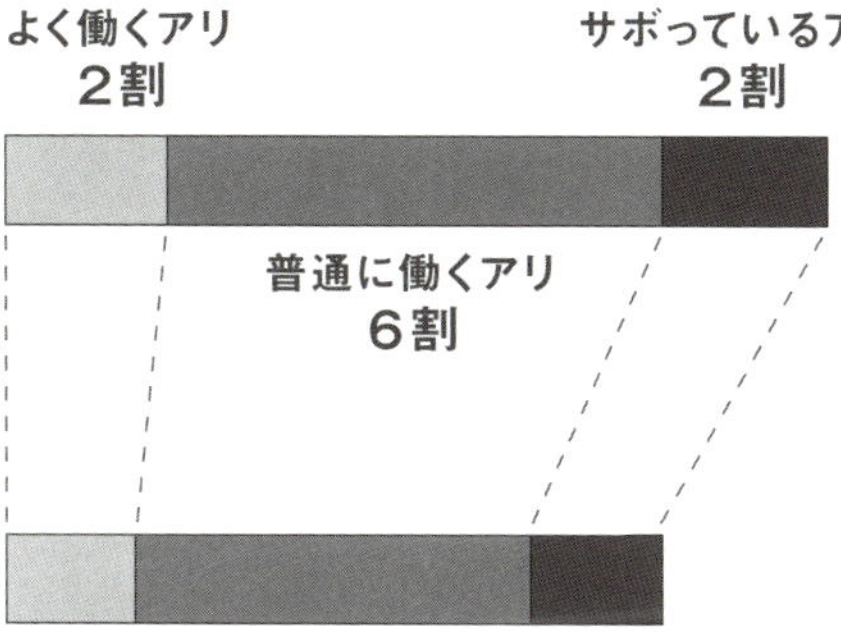

働きアリの中では、
よく働くアリが２割、
普通に働くアリが６割、
サボっているアリが２割
存在する

サボっている2割を排除しても、残った中で2割はサボるようになる

↓

この比率は変わらない

この法則は、人間社会でも適用される

人間社会でいわれる2：8の法則

- 利益の8割は、2割の社員が稼いでいる
- 2割の顧客が8割の注文を出している
- 納税者の2割が納税総額の8割を負担している

↓

優秀な人材を採用するなどして、
全体の底上げを図るしかない

参考文献

Vilfredo Federico Damaso Pareto,"Cour d'Economie Politique, Laussanne"1896.
長谷川英祐『働かないアリに意義がある』メディアファクトリー〈メディアファクトリー新書〉、2010年。

chapter 12

期待をかけられた人は伸びる

予言の自己成就

周囲に期待を持って接する

学校での授業や、会社での新人教育など、「誰かを育てる」という経験をした人も多いでしょう。そんなとき、「教育する側」の期待が、教えられる側の成長に大きく関わっているという研究結果があります。

アメリカの心理学者、ローゼンタールは、ある実験をしました。まず、小学校の特定のクラスに知能テストを実施し、その中で無作為に選んだ生徒について、「この子たちは知能が高いので、今後成績が伸びるでしょう」と、教師に伝えました。半年後、ふたたび知能テストを実施すると、「成績が伸びる」と言われていた生徒たちは、本当に成績が上がっていたのです。

これは、生徒を指導する教師が、「この子は伸びるはず」との期待をかけ、それが影響したと考えられます。もちろん、意識的なものばかりではないにせよ、期待をかけた生徒には熱心に指導し、また、生徒もそれに応えようとした結果だと思われます。**このような現象を「予言の自己成就」といいます。**

この予言の自己成就については、とにかく相手に期待をかけて育てることが重要です。会社の部下に対しても、**一度や二度の失敗で、ダメだと決めつけたりせず、「必ず伸びる」と信じて指導しましょう。**それが本人のためにも、会社のためにもなるのです。

先生や上司の期待が成果につながる

予言の自己成就

小学校の特定のクラスの生徒たちに知能テストを実施する

↓

その中で無作為に選んだ生徒たちについて、「この子たちは知能が高いので、今後成績が伸びるでしょう」と教師に伝える（対象の生徒には伝えない）

↓

半年後、再び知能テストを行うと、「成績が伸びる」と伝えられた生徒たちは、本当に成績が上がっていた

↓

指導する教師が、無意識のうちに「伸びる」と伝えられた生徒に熱心に指導していた。生徒たちもそれに応えようとした

予言の自己成就がマイナスに働く例

一度や二度の失敗で、
「こいつはダメだ」と評価すると、
相手もやる気を失い、本当に
失敗ばかりを繰り返すようになる

↓

相手の力を信じ、期待をかけて育てることが大切

参考文献

Rosenthal,R. & Jacobson,L,“Pygmalion in the Classroom”1968.

chapter 13

ブラック企業でも辞められない理由

認知的不協和

本心とは裏腹に面白さを感じる

近年大きな問題となっているブラック企業。パワハラやセクハラが横行し、劣悪な環境で仕事をさせるという、人権を無視した会社のことです。

このような話を聞いたとき、多くの人は「そんな会社ならば辞めてしまえばいいのに」と思うことでしょう。もちろん、それぞれの人に、転職が難しかったり、金銭的な事情があったりと、さまざまな理由があるでしょう。しかし、そこに**「認知的不協和」と呼ばれる認知バイアスが関係している場合があるのです。**

ブラック企業で働いている人は、当然「仕事が辛い。辞めてしまいたい」と思っています。しかし、その一方で**「自分にしかできないやりがいのある仕事だ」というような思いを感じている場合も多いのです。そして、このような認知的不協和に陥った場合、その矛盾を解消するために、「仕事が面白い」と思い込む傾向があります。**

このような状態に陥るのは、精神的にも肉体的にも危険なことです。少しでもおかしいと感じたら、まず、自分の正直な気持ちを、信頼できる人に話してみましょう。また、それを紙に書いて、客観的に見ることも大切です。無理な仕事で健康を害するなど、取り返しがつかなくなる前に、行動を起こしてみてください。

自分の中の相反する認知が不協和を起こす

ブラック企業で働いている人の認知

仕事が辛い。
逃げ出したい。
認知的
不協和が
起きている
自分にしか
できない仕事だ。
辞められない。

労働環境が過酷で、
認知的不協和になると、
その矛盾を解消するために
「仕事が面白い」と
思い込む傾向にある

認知的不協和から脱するためには

正直な気持ちや感想を、
信頼できる人に話す

感じている不満や気になることを
書き出してみる

参考文献

Daryl Bem, "Self-Perception: An Alternative Interpretation of Cognitive Dissonance Phenomena, Psychological Review: 74(3), 183-200, 1967.
無藤隆／森敏昭／遠藤由美／玉瀬耕治『心理学』有斐閣、2004年。

chapter 14

グループアイドルが多いのはバイアスのせい？

チアリーダー効果

集団の中だとより輝いて見える

世の中には男性、女性を問わず、数多くのアイドルグループがあり、それぞれのメンバーが活動しています。そして、その後ろには、メンバーたちに心を奪われた多くのファンの存在があるのです。

なぜ、彼ら、彼女らは、グループで活動するのでしょうか。ここに働いていると考えられるのが、「チアリーダー効果」というバイアスです。

これは、1人でいるときよりも、グループの中にいたほうが、より魅力的に見えるというもの。その仕組みはこうです。

まず、人は複数の顔が同時に示されると、その**特徴を平均化して認知するようになります。**たとえば、つり目やたれ目といった特徴的なクセは認識されず、万人に好まれやすい顔として見えるようになります。なぜ平均的な顔が万人に好まれるのかというと、進化の過程でバランスのとれたものを好む傾向が生まれたためと考えられています。**そのため、グループのそれぞれのメンバーは、1人でいるときよりも魅力的に映るのです。**

アイドルに限らず、何人かの仲間と一緒にいるときのほうが魅力的に見えるということもあるでしょう。ただし、最終的には、1対1の付き合いになりますから、自分自身の魅力を備えることも必要になります。

集団の中にいると魅力が増す

チアリーダー効果

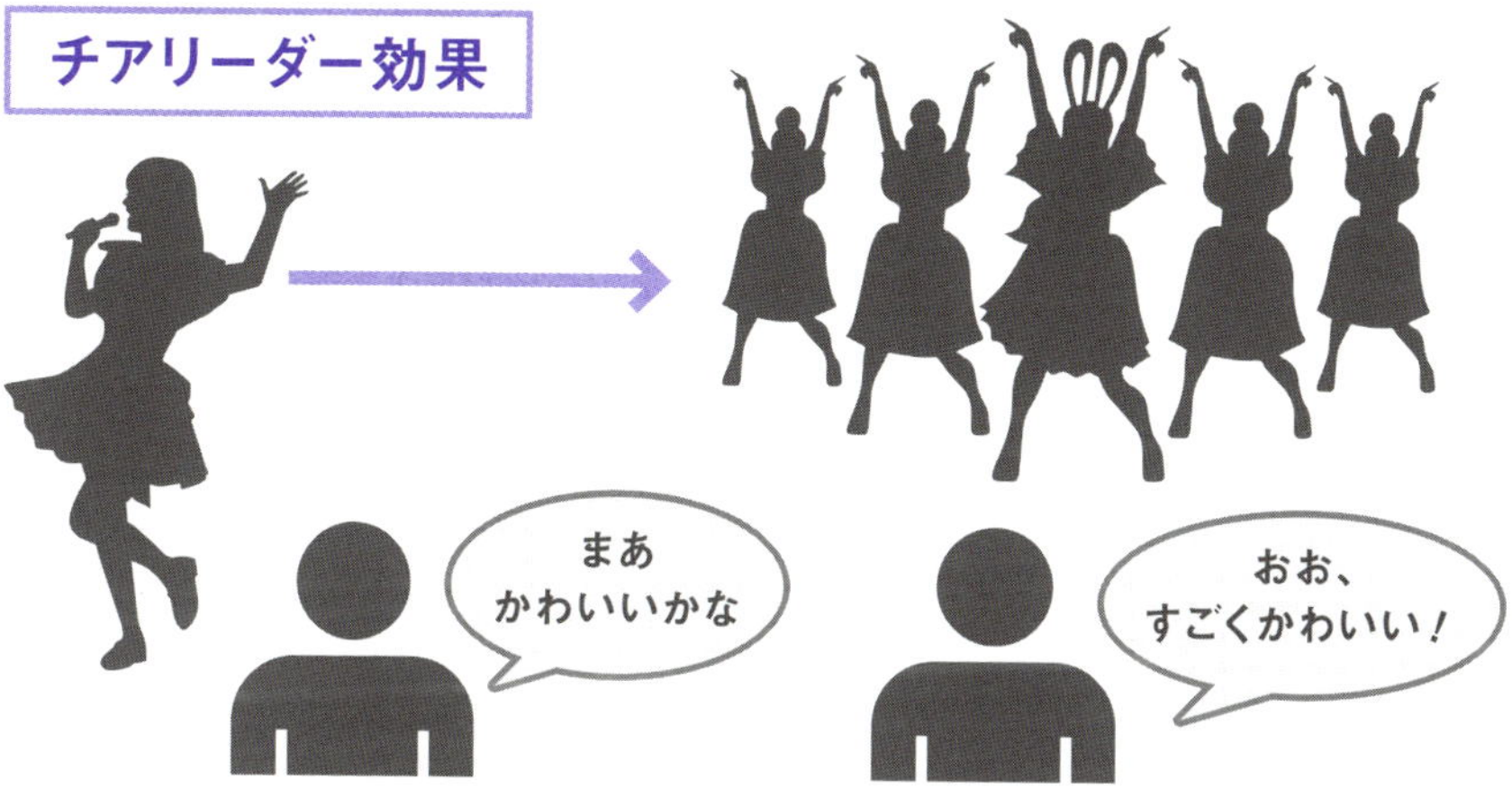

1人でいるときよりも、**グループの中に入ったほうが、より魅力的に見える**

チアリーダー効果が起こる理由

複数の顔を同時に見ると、特徴を平均化して認知する

個人の顔の知覚は、平均値に引き寄せられる

平均に引き寄せられた顔は、実際よりも魅力が高まる

参考文献

George Alvarez, "Representing Multiple Objects as an Ensemble Enhances Visual Cognition," Trends in Cognitive Sciences: 15, 122-131, 2011.

Agneta Herlitz and Johanna Lovén, "Sex Differences and the Own-Gender Bias in Face Recognition: A Meta-Analytic Review," Visual Cognition: 21, 9-10, 2013.

Drew Walker and Edward Vul, "Hierarchical Encoding Makes Individuals in a Group Seem More Attractive," Psychological Science: 25, 230-235, 2014.

服部友里／渡邊伸行／鈴木敦命『魅力度の類似した顔のグループに対するチアリーダー効果：観察者の性別と顔の性別の影響』基礎心理学研究:38(1)、pp.13-25、2019年9月。

「買うか」「買わないか」の詐欺に注意

―― 認知バイアスを利用した詐欺などに騙されないようにするにはどうすればいいでしょう？

古典的な詐欺でよく用いられるのが、結論を白か黒かのどちらかに二分させる「白黒論法」あるいは「二分法」ですね。そもそも「白か黒しかない」という思考法は、論理的には完全な誤りです。「白」の反対は「黒」ではないし、「黒」の反対は「白」ではない。もっと正確に言うと、「白」の否定は「白ではない」であり、「黒」の否定は「黒ではない」です。それにもかかわらず、「白か黒しかない」と判断を二分させてしまうのが「白黒論法」です。霊感商法などの詐欺師は、この錯覚を利用して、相手に「白」か「黒」しか選択の余地がないように誘導することが多い。

仮に霊感商法の信者が「あなたは今のままでは不幸になるが、この壺を持てば救われる。だから、この壺を買いなさい」と言ってきたら、どうしますか。

ここでは、次のように問題を論理的に整理して、この詐欺師を退散させてください。「私は、壺を買うか買わないか、どちらかしかない。また、不幸になるかならないか、どちらかしかない。ここには命題が2つあるから、組み合わせは4通りになる。さて、あなたは私が壺を買えば不幸にならないが、買わなければ不幸になると二者択一を迫っている。しかし、論理的には、私が壺を買っても不幸になるケースと、壺を買わなくとも不幸にならないケースがある。そして、私は壺を買わなくとも不幸にならないつもりだから、壺は買わない！」と。

	壺を買う	壺を買わない
不幸になる	壺を買って不幸になる	壺を買わず不幸になる
不幸にならない	壺を買って不幸にならない	壺を買わず不幸にならない

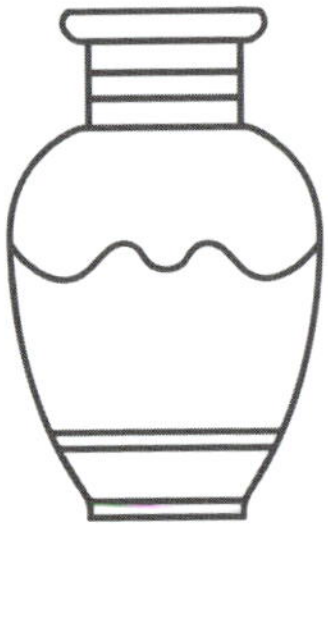

第4章

認知バイアスとのつき合い方

chapter 01

SNSの情報が危険な理由

偏った考えに陥らないよう注意

多くの人が利用し、情報源としているSNS。これまで以上に多くの情報に手軽に接触できる手段として、便利なツールですが、ここにも認知バイアスが潜んでいるため、注意が必要です。

多くのSNSは、「フォロー」や「いいね」といった機能を持っており、反応することで自分が好きなものについての情報が多く流れてくるようになります。逆に、興味がないもの、嫌いなものについての情報や書き込みは見えてきません。すると、**同じような情報ばかりを見ることになり、やがて、それが正しい情報だと思い込んでしまうのです。これを「エコーチェンバー現象」といいます。**

エコーチェンバー現象

エコーチェンバー現象が起こると、自分が見る回数の少ない情報はすべて間違いだと思い込む危険性があります。また、怪しい情報でもたびたび目にすることにより、正しいものだと信じてしまいがちです。

SNSではこの他にも、確証バイアス（16ページ）や、現状維持バイアス（22ページ）、内集団バイアス（60ページ）、そして、反対意見に対して、より抵抗をしてしまう、心理的リアクタンス（20ページ）などのバイアスが働きます。便利なツールであることは間違いありませんが、その危険性も十分に理解したうえで使うのが、かしこい利用法といえるでしょう。

SNSで生じる認知バイアス

エコーチェンバー現象

SNSの機能によって、自分の考えに近い情報や意見ばかりを見ることになる。それによって、**世間一般でもそれが正しいと信じてしまう**

その他 ネット上で起こりやすい認知バイアス

①確証バイアス

自分と同じ意見の書き込みばかりを見て、確証を持ってしまう

②現状維持バイアス

現状での考えが正しいと思い込む

③内集団バイアス

ネットによってつながった人をひいきする

④心理的リアクタンス

反対意見に対して、より抵抗をするようになる

参考文献

Cass R. Sunstein,“Echo chambers : Bush v. Gore, impeachment, and beyond”,2001.
名倉卓弥／秋山 英三『SNSにおけるトピックス数の増加が意見の分極化とエコーチェンバーに与える影響』、2023年。

chapter 02

プレゼンをするなら「知らない」立場で考える

知識の呪縛

「知っていること」の危険性

あなたが会社でプレゼンをする場合、どんなことを気にするでしょうか。見やすい資料を用意することや、はっきりと大きな声で話すことも大事ですが、知らず知らずのうちに専門的な言葉を使わないことも重要です。

人はしばしば、「知識の呪縛」に陥ります。これは、自分の知っていることは相手も当然知っているだろうという認識に立って、話をしてしまうこと。これでは、いくら上手に話したところで、理解してもらうことはできません。「何かを知っていること」「それを当然と思っていること」は、実は危険なことなのです。

たとえば、今の子どもたちの中には、「お釣り」を知らない子もいるといいます。電子マネーでの支払いばかりで、その概念がないのです。「お釣り」を知っている前提で話をしても、相手には何も伝わらないでしょう。

では、このバイアスに陥らないためにはどうしたらいいでしょうか。まず、**自分が知識の呪縛に囚われていないかを、客観的に判断することです。**これにより、メタ認知（88ページ）ができ、正しい判断をすることができます。そして、**何よりも相手のことを知ることです。**話をする相手は、どのような知識を持ち、何を知らないのか。それを想定し、対策しながら伝えることで、理解してもらうことができるのです。

相手の背景を理解する

プレゼン内容が伝わらない理由

話す側が、聞く側に対し、「当然このくらいのことは知っているだろう」という前提で話してしまう

この認識の違いにより、相手に話が伝わらない

聞く側は、前提となる知識がないため、話を理解できない

自分が知っていることは、相手も知っているだろうと思ってしまう現象

知識の呪縛

知識の呪縛に陥らないために

「知識の呪縛」があることを認識し、自分がそれに陥っていないか、客観的に考える

話す相手は、どの程度の知識を持ち、どう話せば伝わるかを考える

参考文献

Chip Heath and Dan Heath, Made to Stick: Why Some Ideas Survive and Others Die,Randum House, 2007.
ABEMA TIMES 「「おつりって何?」キャッシュレス化が進む時代に算数の授業で明らかになった子どもたちの"お金の概念"」2020年10月9日。
鈴木宏昭『認知バイアス:心に潜むふしぎな働き』講談社 (ブルーバックス)、2020年。

chapter 03

▼高評価レビューに影響される理由▲

同調性バイアス

影響されすぎないよう注意

お店で食事をするとき、ネットの口コミサイトを利用する人は多いでしょう。そこで気にするのは、やはり、実際に食べに行った人のレビューです。おいしさや雰囲気などについて評価が書かれていて、参考になります。レビューは、飲食店に限らず、あらゆる商品に導入されています。当然、「どうせ買うなら高評価のものにしよう」という気持ちはあるでしょう。実は、そこには「同調性バイアス」が働いているのです。

同調性バイアスとは、自分の行動を他者のものに合わせてしまうこと。ときには、それが自分の本当の好みとは違ってしまうこともあります。このバイアスが働く理由は大きく２つです。１つは、すべてのお店や商品から自分で探すには、**手間も時間もかかることから、それを簡単に行いたいという気持ち**から。そしてもう１つは、他の人がよいと言っているものであれば安心だし、**安易に購入して失敗したくないという心理**からです。

ここで注意しなければならないのは、**ネットの評価が１００％正しいわけではないということ。**やらせの可能性もあるし、他の人に影響されて書いただけかもしれません。そのため、すべてのレビューを鵜《う》呑《の》みにするのではなく、参考程度に見ておき、自分が本当に欲しいものを探すのが得策といえます。

他者の意見は上手に利用する

高評価レビューの影響

○○製品

《評価》☆☆☆☆☆

《レビュー》
・とてもよい製品でした
・また買いたいです
・おすすめです

星5つ！
評判もよさそうだし、
これにしよう。

他者の意見に同調して
行動を決める

同調性バイアス

同調性バイアスが起こる理由

・自分ですべて調べるには手間と時間がかかる
・簡単に評価をしたい
・安易に購入を決めてしまって、失敗をしたくない
・他者が勧めているものなら安心

ネットでの評価の危険性

- 書いている人の信用性が定かではない
- 販売者側のやらせの可能性がある
- 他の人に影響されて書いた可能性もある

→ 参考程度に見ておくのがよい

参考文献

Muchnik L, Aral S & Taylor“Social influence bias: Arandomized experiment”2013.
大西 浩志『ソーシャルメディアとマーケティング研究（その2）―市場の理解とソーシャルメディア・データのバイアス―』、2015年。

chapter 04

▼「買えない」とわかると欲しくなるワケ▲

希少価値

少ないものに価値を感じる

切手やコイン、最近ではカードゲームなど、世の中にはさまざまなもののコレクターがいます。そんな人たちが、こぞって欲しがり、また高値で取引されているのが「レアアイテム」、つまり、数の多くないものです。このように、**人は少ないものに「希少価値」を感じることが、実験でも明らかになっています。**

社会心理学者のステファン・ウォーチェルらは、実験の参加者のうち、一方のグループには2枚のクッキーが入った瓶を渡し、もう一方のグループには10枚のクッキーの入った瓶を渡しました。そして、それぞれの価値を評価してもらったところ、2枚のクッキーを入れた瓶を渡されたグループのほうが、より価値を高く評価したのです。

これは、「多くの人が欲しがっているのに手に入らない」という心理も影響しています。また、高値であっても、それが買える状況になったとき、ついつい購入してしまうという行動にもつながります。テレビの通販番組で「残り○セット」「今しか買えません」などと表示されるのは、それにより、**希少価値を高め、購買意欲を喚起するためです。**もちろん、実際に価値を感じて購入するのであれば問題ありません。しかし、**意図的に購買欲を刺激されていないか、冷静に判断することも必要です。**

手に入らないものが欲しくなる

クッキーを使った実験

クッキーが**2枚**入った瓶を渡されたグループ

クッキーが**10枚**入った瓶を渡されたグループ

それぞれのクッキーの価値を評価してもらう

2枚入った瓶を渡されたグループのほうが評価が高い

希少性の高いものに、より価値を感じる

希少性を利用したマーケティング

残り○個です
今しか買えません
二度と手に
入らないかも。
すぐに買わなくちゃ。

参考文献

Worchel, Stephen, Jerry Lee and Akanbi Adewole, “Effects of Supply and Demand on Ratings of Object Value,” Journal of Personality and Social Psychology, 32, 906 — 914. 1975.

有賀敦紀、井上淳子『商品の減少による希少性の操作が消費者の選好に与える影響』2013年。

chapter 05

「すぐ調べられる」と記憶力が低下する？

グーグル効果

意識して頭を使う

あらゆる知識や情報が、パソコンやスマホで簡単に得られる時代。昔のように、本を読んだり、字を書いたりしてものを覚えなくてもよくなりました。しかし、その便利さが、悪いほうに影響することがあります。それが、「グーグル効果」と呼ばれるものです。

ご存知のとおり、グーグルはインターネット上での検索サービス。**グーグル効果とはこのようなツールを利用して知識を得ることにより、ものを覚えなくなることを指します。**

ある実験では、人は「その情報がパソコンに保存されている」ということだけで、それを記憶する力が衰えるという結果が出ています。これは、脳が無駄なエネルギーを消費しないようにする働きで、意識しないと記憶力が下がっていくことを示しています。

これを問題だと認識しない人もいますが、多くの試験ではパソコンやスマホの持ち込みは禁止されており、実際の記憶力が試されます。また、スマホを手放せなくなり、集中力が低下するという問題もあります。さらに、**何かを検索をするにしても、ベースとなる知識量が多いほど、より早く回答にたどり着くことができるのです。**

これらのことを考えると、適度に紙の本などを読み、情報を得ることも必要なのです。

デジタル機器を使うことによる弊害

インターネットがない時代

知識や情報は、本を読んだり字を書いたりして覚えていた

インターネットが広まってから

欲しい情報は、検索すればすぐに見つかるようになった

この変化により、新しいことが覚えられなくなった（グーグル効果）

デジタル機器による影響

グーグル効果により、
無意識のうちに覚えようとしなくなる

→ 実際は、ベースとなる知識量が多いほど、効果的な検索や調査ができる

スマホを手放せなくなり、**注意力が低下する**

→ 学校でスマホの利用を禁止したことにより、生徒の成績が上がったという事例もある

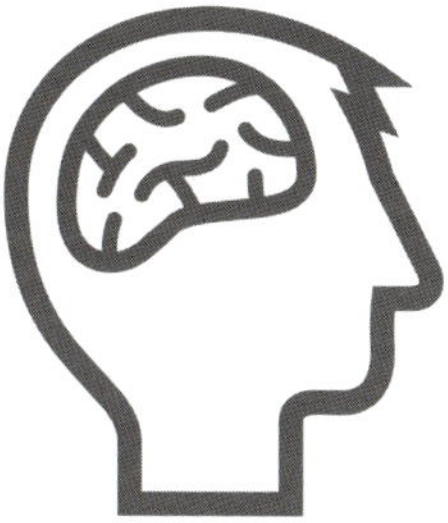

適度に紙の本などからの情報を得ることも大切

参考文献

Guangheng Dong and Marc Potenza, "Behavioural and Brain Responses Related to Internet Search and Memory," European Journal of Neuroscience: 42, 2546-2554,2015.

Betsy Sparrow et al., "Google Effects on Memory: Cognitive Consequences of Having Information at Our Fingertips," Science: 333, 776-778, 2011.

アンデシュ・ハンセン（久山葉子訳）『スマホ脳』』新潮社（新潮新書）、2020年。

chapter 06

▼考え込まないことが長生きの秘訣と言われる理由▲

楽観バイアス

将来を悲観しすぎないほうがいい

何ごとも悲観的に考えてしまう人がいる一方、常に将来を楽観的にとらえる人がいます。それぞれの性格であることは確かですが、人にはもともと、**ある程度将来を楽観的に考えるバイアスがあります。これは「楽観バイアス」と呼ばれるものです。**

たとえば、「勤めていた会社が倒産して無職になる」とか、「交通事故に遭って入院する」などということを前提に考えていたら、とても将来設計などはできません。楽観バイアスは、人間が進化の過程で手にしたもので、この傾向が強い人ほど、健康で長生きをするとされています。

また、このような考えがあるからこそ、ローンで高額な商品を購入するなどして、消費行動が活発になる面もあるのです。

ただし、楽観バイアスにも問題点があります。それは、楽観的な観測をしすぎることにより、リスク管理がおろそかになってしまうということです。

たとえば、投資で失敗したり、貯蓄ができなかったりという状況がこれにあたります。また、病気や自然災害に対する認識が甘くなり、予防的な措置がとれないこともあげられます。

悲観的な観測も行い、ある程度のリスクを見積もった上で、楽観的に生きるのがよりよい選択といえるでしょう。

楽観的になることのメリット

仕事もうまく
いくだろう
病気にも
ならないだろう
災害にも
遭わないだろう

楽観バイアスのメリット

ローンで高額なものを買うなどし、**消費行動がアップする**

不安をあまり感じないため、より**健康で長生きできる**

楽観バイアスの問題点

経済的な活動に対して楽観視すると、**投資などで失敗しやすい**

「将来はなんとかなる」と考え、**貯金ができない**

火事や地震、病気などのリスクを低くみるため、**予防的な措置がとれない**

ある程度リスクを見積もった対応をしておくことが大切

参考文献

Sharot, T., Korn, C. W., & Dolan, R. J. "How unrealistic optimism is maintained in the face of reality."2011.
荒木正見『楽観バイアス・悲観バイアスと倫理的発達』、2021年。

chapter 07

バッシングが起こってしまう原因とは？

公正世界仮説

被害者に責任はあるのか

日々ネットの中で繰り広げられるバッシング。本当に悪いことをした人に対する攻撃だけであればまだしも、被害者に対してまで攻撃が向けられることがあります。これはいったいどういうことでしょうか。

実はここには、「公正世界仮説」というバイアスが働いている可能性があります。

公正世界仮説とは、「この世界は公正であり、よいことをした人にはよいことが起こり、悪いことをした人には悪いことが起こる」という考え方。日本でよく言われる「罰が当たる」や「因果応報」といったものです。

しかし、近年多く見られるいわれなきバッシングは、**これを誤って捉えてしまっていることが多くあります。**つまり、「被害に遭うのは、その人が悪いことをしていたからだ」というもの。

性犯罪に遭った女性が、「深夜に1人で歩いていたのが悪い」「露出度の高い服を着ていたのではないか」などとバッシングされるのが代表的な例です。これは、公正世界仮説のデメリットといえるでしょう。

もちろん、**「努力は報われる」と考えることで励まされる、世の中の理不尽さを軽減してくれるといったメリットもあります。**その両面を理解して、不条理なバッシングなどに加担しないことが大切です。

悪いことをすると罰があたるという意識

よいことをすると
よいことが起こる

ならば

悪いことが起こるのは
悪いことをしたせい？

公正世界仮説 ＝ 行動にふさわしい結果が
その人に降りかかるという考え方

公正世界仮説のメリット

「努力は報われる」と考えることで、
何かをするときの励みになる

世の中の理不尽さを軽減することで、
精神的に安定を得られる

公正世界仮説のデメリット

犯罪の被害に遭った人を、
「被害者にも落ち度があるのではないか」と
バッシングするようになる

努力したのに報われないのは、
悪いところがあるのではないかと考えてしまう

参考文献

Melvin Lerner and Carolyn Simmons, "Observer's Reaction to the "Innocent Victim":Compassion or Rejection?" Journal of Personality and Social Psychology: 4(2),203-210, 1966.

Eugene Zechmeister and James Johnson, Critical Thinking A Functional Approach,International Thompson Publishing, 1992. [E.B.ゼックミスタ／J.E.ジョンソン(宮元博章／道田泰司／谷口高士／菊池聡訳)『クリティカルシンキング 入門篇』北大路書房、1996年。]

chapter 08

フェイクニュースはなぜ生まれるのか？

スリーパー効果

信頼性の低い情報も信じてしまう

ネット上にはフェイクニュースが溢れています。一見「これは嘘だろう」と思ったような情報でも、何度も目にするうちに、「もしかすると本当かも」と考えてしまうことはあるでしょう。実は、**このフェイクニュースにも認知バイアスが関係しているのです。**

信頼性の低い情報について、時間の経過とともにどのような変化があるかを調べた実験があります。アメリカで行われたこの実験では、信頼性の高い情報源の記事と、そうではない情報源からの記事を大学生に読ませ、その記事によって意見が変わるかを調べました。記事を読んだ直後では、信頼性の高い記事のほうが意見の変化が起こりやすく、信頼性の低い情報ではそうではありませんでした。しかし、4週間後に実施した調査では、信頼性の低い情報源からの記事でも、変わらない程度の意見の変化が起ていたのです。これは、**記事の内容は覚えていても、その情報源を忘れてしまっていることにより起きたと考えられます。このような効果を、「スリーパー効果」といいます。**

言うまでもなく、スリーパー効果は、フェイクニュースなどを広める危険性をはらんでいます。SNSなどで、情報を得たときには、それが本当のものであるか、今一度冷静に判断する必要があります。

情報の信頼性は時間とともに変わる

情報の説得性の変化

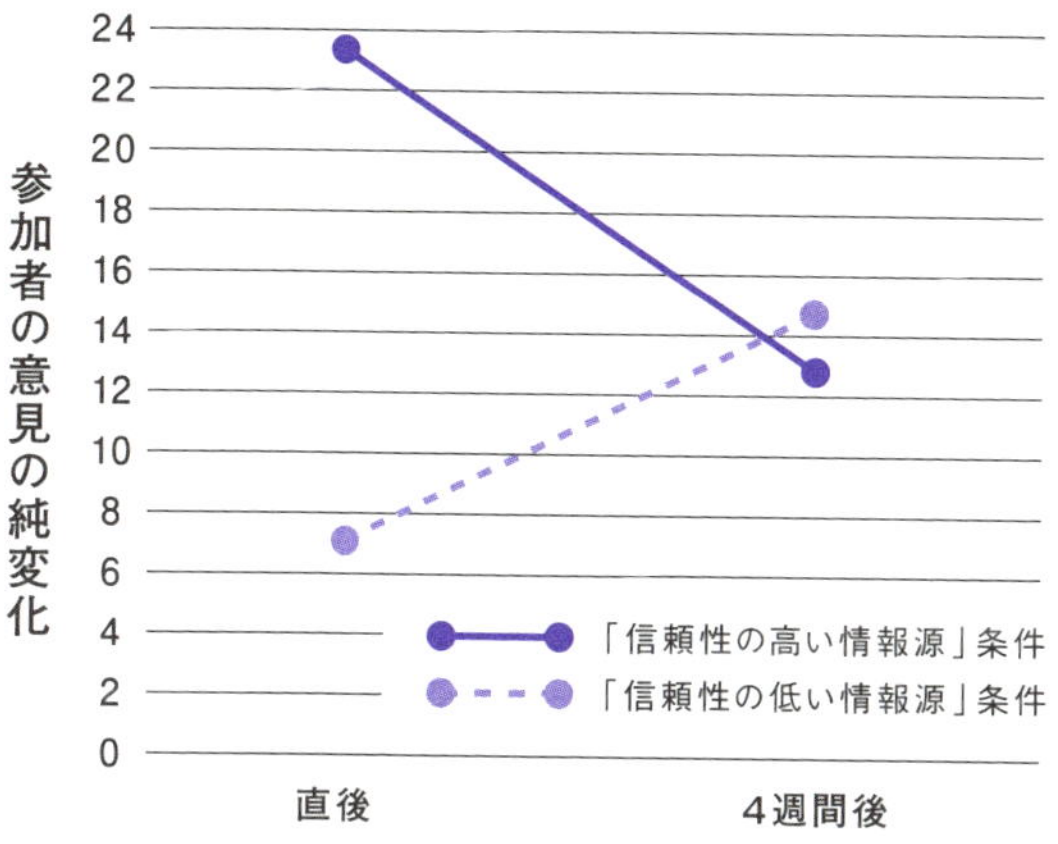

信頼性の高い情報源からの情報と、低い情報源からの情報を聞かせ、直後と4週間後でどのように意見が変化するかを調べた。

4週間後には、「どこから得た情報か」を忘れてしまい、意見への影響度は同程度となった。

最初は低いメッセージの説得性が、時間とともに高まっていく現象 ➡ **スリーパー効果**

スリーパー効果の危険性

インターネット上に溢れる、
真偽不明の情報が拡散され、
時間がたつとともに、あたかも
真実のように信じられていく

本当にそれがフェイクニュースではないかを冷静に判断することが必要

参考文献

Carl Hovland and Walter Weiss, "The Influence of Source Credibility on Communication Effectiveness," Public Opinion Quarterly: 15(4), 635-650, 1951.

太田信夫／多鹿秀継(編著)『記憶研究の最前線』北大路書房、2000年。

chapter 09

いつでもどこでも止められない「ながら」は危険な行為

選択的注意

タイパ重視の危険性

今の時代は、効率が求められ、「タイパ（タイム・パフォーマンス）」を重視するあまり、同時に2つ以上のことをする人が多くいます。

もちろん、音楽を聞きながら掃除をしたり、お風呂に入りながら本を読んだりと、一緒にやっても問題ないことはあります。しかし、**何かに注意を向けるあまり、他のことがおろそかになって危険をともなうことがあります。**

人間には、「選択的注意」という特性があります。これは、多くの情報の中から必要なものだけを取捨選択するものです。たとえば、大勢の人がいるパーティで、**特定の人物の会話を聞こうとすると、それを聞き取ることができる代わりに、それ以外の音が排除されてしまうのです。これを「カクテルパーティ効果」と言います。**注意というのは、多くの情報の中から、必要なものに焦点を当てる、スポットライトのようなものなのです。当然、ライトが当たってない部分は、暗く、見えづらくなります。

この効果を考えると、ながらスマホがいかに危険なものかがわかります。スマホの情報に夢中になりながら歩いたり、運転したりすれば、本来気づかなければならないような周囲の危険に気づけない可能性があるからです。タイパ重視もいいですが、本当に安全かどうか、今一度振り返ってみましょう。

注意を向けていない情報は排除される

カクテルパーティ効果

パーティのような騒がしい場所でも、
特定の会話にだけ注意を向けると、内容を聞くことができる

ただし、その分、他の声や情報が入ってこなくなる

ながらスマホが危険な理由

注意力がすべて
スマホに向かってしまい、
危険な状況が近づいても
気づくことができない

重大な事故につながる可能性がある

参考文献

Colin Cherry, "Some Experiments on the Recognition of Speech, with One and with Two Ears," Journal of the Acoustical Society of America: 25, 975-979, 1953.

Daniel Simons and Daniel Levin, "Failure to Detect Changes to People During a Real-World Interaction," Psychonomic Bulletin and Review: 5, 644-649, 1998.

Daniel Simons and Christopher Chabris, "Gorillas in Our Midst: Sustained Inattentional Blindness for Dynamic Events," Perception: 28, 1059-1074, 1999.

道又爾／ 北崎充晃／大久保街亜／今井久登／山川恵子／黒沢学『認知心理学:知のアーキテクチャを探る [新版]』有斐閣 (有斐閣アルマ)、2011年。

chapter 10

▼世界にはびこる「陰謀論」にのめり込まないために▲

迷信行動

迷信に惑わされないように

ネットの世界では、陰謀論が次々と出てきます。「世界を動かしているのは○○という組織」「感染症は人工的にばらまかれたもの」など、あげていけばきりがありません。そして、それらには、もっともらしいエピソードがついてきます。これらは、**偶然起きた出来事を因果関係があるように結びつけてしまう、「迷信行動」の1つと考えられます。**

迷信行動は、多かれ少なかれ、誰でもしていることです。試合の前にとんかつを食べると勝てる、てるてる坊主を吊るすと晴れる、流れ星に願いごとをすると叶うなど、一般的に信じられているものも多くあります。特に、運動選手や、ギャンブルをする人、受験生などは、「ゲン担ぎ」といって、決まったルーティンをしがちです。

もちろん、これらのことをすることによって、気持ちを整えたり、前向きになれたりするのであれば、それは問題ありません。ただ、「これをしたから大丈夫」と思い、本来するべき努力や準備を怠ってしまうのであれば、それは止めるべきでしょう。

世にはびこる陰謀論も、それらしい事象をむりやり結びつけて信憑性《しんぴょうせい》を持たせています。そのようなものに惑わされないよう、情報を簡単に信じず、また拡散したりしないように注意が必要です。

偶然の一致が続くと迷信を信じてしまう

よくある迷信の例

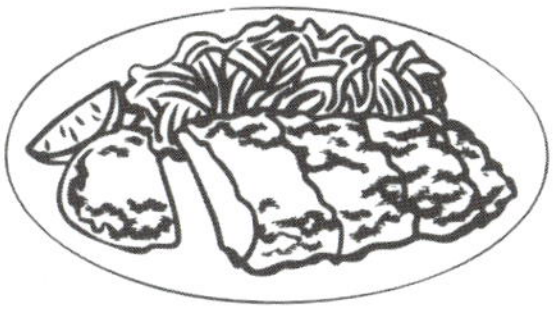

てるてる坊主を
吊るすと晴れる

とんかつを
食べると
勝負に勝つ

流れ星に願いごとを
すると叶う

特に迷信行動を
起こしやすい人

- 運動選手
- ギャンブラー
- 受験生

陰謀論の危険性

迷信行動を
あえて作り出し、
偶然の一致に意味を
つけるのが陰謀論

**安易に陰謀論を信じたり、
それを拡散したりしないように注意が必要**

参考文献

Burrhus Skinner, “Superstition' in the Pigeon,” Journal of Experimental Psychology:38(2), 168-1721, 1948.

Stuart Vyse, Believing in Magic: The Psychology of Superstition, Oxford University Press,1997.[スチュアート・A. ヴァイス (藤井留美訳)「人はなぜ迷信を信じるのか : 思いこみの心理学」朝日新聞社、1999年。]

安西祐一郎『問題解決の心理学: 人間の時代への発想』中央公論社 (中公新書)、1985年。

篠原彰一『学習心理学への招待:学習・記憶のしくみを探る』サイエンス社、1998年。

chapter 11

まずは「自分の直感」を疑え！

個人のバイアス軽減

別の見方を考えるようにする

まず次の問題を解いてみてください。

「バットとボールは合わせて1ドル10セント。バットはボールより1ドル高い。ボールの値段は？」

反射的に「10セント」という答えが浮かんだ人は多いと思います。しかし、正解は「5セント」。この問題は**認知反射テストと呼ばれ、間違った答えが頭に浮かびやすくなっているのです。**

これもまた認知バイアスの代表的な例の1つ。直感的に考えることが、間違っている場合もあるということが理解できたと思います。

この本を読んできた人であれば、認知バイアスを、どのように回避していくかが重要であることは理解いただけているでしょう。これは、たとえば人や情報に関しても同じことです。**第一印象で「怖そうな人」と決めつけたり、ネットで見た情報を「これは正しい」と信じてしまったりすることは、間違っていることもあるし、それによって自分が損をする場合もあるのです。**

そうならないためには、まず、**自分の直感を疑ってみることです。**そして、違った視点で考えるようにもしましょう。少しでも疑念を感じたら、**できるだけ論理的に考えてみましょう。**そうすれば、自分自身にかかっているバイアスを軽減し、真実を見極めることができるようになるのです。

直感ではなく、立ち止まって考える

認知反射テスト

《問題》
バットとボールは合わせて1ドル10セント。バットはボールより1ドル高い。ボールの値段は?

正解は「５セント」
しかし、多くの人は直感的に「10セント」と答えてしまう

直感が必ずしも正しいとは限らない

個人のバイアスを低減するために

自分の直感を疑ってみる

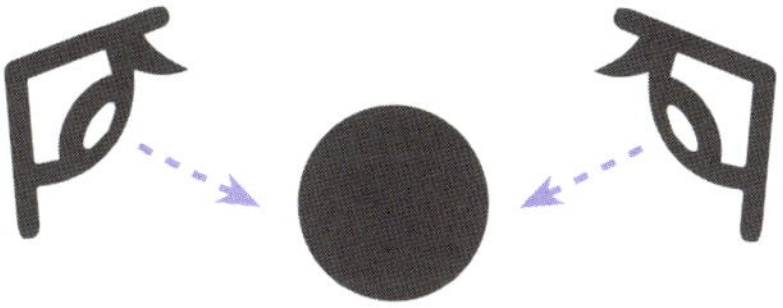

違う視点で考えてみる

論理的に考える

参考文献

Frederick,S"Cognitive reflection and decision making.Journal of Economic Perspectives", 19(4), 25-42..2005.

高橋昌一郎先生インタビュー

認知バイアスに陥らないために

～論理的思考の重要性～

■論理的思考とは何か

――あらためて、認知バイアスに陥らないためには、どのような考え方が必要でしょうか？

ひと言でいうと「論理的思考」ですね。「論理的思考」などというと、小難しい理屈ばかりを並べ立てて重箱の隅を突くようなイメージを持たれるかもしれませんが、実は「論理的思考」とは、思考の筋道を整理して明らかにすることであって、むしろ発想の幅を広げ、それまで気がつかなかった新たな論点の発見につなげられる思考法です。

そもそも、基本的に人間は「認知バイアス」の影響を受けやすい。そのことを論理的に意識するだけでも、かなり自分で注意できるようになります。

たとえば、「信念バイアス」。もしAかBかを選択するとき、両者をしっかり比較検討しないまま、直感的に「Aがいいな」と発言したとします。すると、大した根拠がないにもかかわらず、いつの間にか「Aがいいな」と言ってしまった自分の信念を正当化しようとする傾向が生じる。いったん何らかの信念を発言すると、それを守りたくなるわけですね。

「信念バイアス」に支配された人は、自分が出した結論Aのメリットを過大評価し、デメリットを過小評価するようになります。逆に、反対の結論Bのメリットを過小評価し、デメリットを過大評価するようになります。これを「確証バイアス」と呼びます。

この「確証バイアス」の中でも、とくに自分に都合のよい情報ばかりを探し出して「やはり、私の出した結論は正しい」と自分や周囲に言い聞かせることを「チェリー・ピッキング」と呼びます。まるでおいしいサクランボばかりを採るような論法だからついた名前ですが、人は議論になると、つい自分の意見に同調するものは過大評価し、反発するものは過小評価してしまう。このような「認知バイアス」の傾向は、誰にでもあるということです。だから、それに陥らないように、論理的に筋道立てて考えることが重要になってくるわけです。

――論理的思考を身につけるにはどうしたらいいでしょうか？

これはもう、勉強してもらうしかない。一般に、賛成や反対を表明する意見に含まれる1つ1つの理由や根拠のことを「論点」と呼びますが、私が日頃から学生たちに勧めているのは、賛否が議論になるような問題に対しては、常に「賛成論（メリット）」の立場から論点を少なくとも3つ、「反対論（デメリット）」の立場から論点を少なくとも3つは挙げられるようにしてほしい、ということです。

例を挙げてみましょう。読者がAとBのどちらと交際するか迷っているとします。そこで「論理的思考」にしたがって、AとBの長所と短所を書き出したとしましょう。ここではわかりやすく超単純化して、Aさんは、ルックスはよいが性格に難があり、Bさんは、ルックスに難があるが性格はよいとします。さて、ここで読者が自分でも意識しないうちにAさんに惹かれていたら、実はその読者はルックスを重視していることがわかります。もしBさんに惹かれていたら、ルックスよりも思いやりや優しさを重視していることが判明しますね。

ここでAがよいかBがよいかの論点を整理した上で、どの論点を重視するかは、もちろん個人の自由です。逆に言えば、論理的に整理することによって、読者が何を重視するかが見えてくる。つまり「論理的思考」によって、自分の価値観を見極めることができるわけです。

私の学生たちも、多種多彩な問題に対して「論理的思考」で分析する勉強をしていくと、以前とは根本的にものの見方や話し方が変わってきます。ひと言でいうと、ようやく「自分の頭で考える」ことができるようになるんですね。「認知バイアス」に惑わされない「論理的思考」ができるようになると、コミュニケーションも非常にスムーズになります。これが、私が長年推奨している「ロジカルコミュニケーション」です。

■「論破する」の危険性

――相手を「論破する」という言葉をよく聞きますが、それについてはどうお考えですか？

「論破」という言葉が本当の意味で成立するのは、数学のように議論の前提となる体系が事前に規定されている世界だけでの話です。私がアメリカで大学院の数学科に在籍していた頃、ある定理を発見したと考えて、世界的権威である教授に意気揚々と報告に行ったことがあります。教授は、私の「証明」を眺めた瞬間、即座に「あははは、残念！　君の証明は、Ａの部分からＢの部分にかけて論理的な飛躍がある。この飛躍を君は埋めたいだろうが、それは無理だ。なぜならＡが成立してもＢは必ずしも成立しないからだ。その証拠として次のような反例がある。したがって、君の定理は成立しない！」と言われました。ここまで完全に「論破」されると、気分は爽快になり、自分の間違いに気づかせてくれた教授に心から感謝したくなります。つまり、本当の「論破」は、愉快なものなんですね。

基本的に「論破」とは相手の「矛盾」を突くことです。たとえば、相手が「Ａだ」と言っていたのに、しばらく話したら「Ａではない」と言ったら、「さきほどはＡと言ったのに、今はＡではないと言いましたね、はい論破」と言うわけです。この場合、「Ａ」が事実関係であれば、たしかに相手の嘘を暴いたことになりますが、価値判断の場合は、そう簡単にはいかない。さきほど「Ａ」と言ったのは、ある特定の前提に基づく場合で、今「Ａではない」と言ったのは、別の前提に基づく場合であるかもしれない。

ここで注意してほしいのは、「論理的思考」で重要なのは、「結論」ではなく「過程」だという点です。固定観念や偏見から結論を出してしまわずに、あくまで出発点は「ニュートラル（中立）」にして、賛否両論を冷静に判断することが「論理的思考」の原点です。

「論理的思考」に基づいて議論すると、たとえば、当初は日本の死刑制度に賛成だった学生が、賛否両論の論点を整理していくうちに反対に変わったり、逆に反対だった学生が賛成に変わったりすることもあります。それはそれで、まったく構いません。最終的な結論は個人の価値観に依存し、その結論を変更するのも個人の自由だからです。

ほんの一面だけを捉えて「俺はお前を論破した」などと言って、相手が黙ったからといって、相手は納得していないわけです。ただ不愉快で、もう話したくないからコミュニケーションを止めているだけ。これを勝ち誇ったように「論破」などと言うのは、独り善がりで恥ずかしいことです。

――議論ということでいうと、国会でも「ご飯論法」のような、論点をすりかえる手法が話題になっています。このような答弁をする理由は何だと考えられますか？

「論点のすりかえ」が増えてきた原因は、実は「情報過多」にあると考えています。問題を起こした議員が「会食はしたが、ご飯（白米）は食べていない」といった言い訳に終始する理由は、「時間稼ぎ」ですね。時間さえ経てば、国民は何でも忘れてくれる。なぜなら、翌日には新しい情報がどんどん入ってくるわけで、3日も経てば膨大な情報に押し流されてしまうから。新聞・テレビ・ラジオぐらいしかない時代は、ここまで「情報過多」ではなかった。卑怯なことをやった議員は批判され続け、最後には謝罪したり辞職したりした。しかし、現代のようにSNSをはじめとするメディアが膨れ上がると、情報に埋もれて誰も「恥」を感じなくなる。ただ「時間稼ぎ」をすれば勝ちだから、誠意が薄れてしまった。

■「発信」の大切さ

――先生は、「発信」することが大切とおっしゃっています。発信することの効果とはどのようなものでしょうか？

この「情報過多」の時代で、どうすればよいのかというと、逆説的ですが、ネットの発達は、誰でも何でも発信できるという利点をもたらしているわけです。自分の周囲や世の中の何かが「非論理的」「不合理」「アンフェア」だと思ったら、ネットの記事にコメントするなり、自分でブログ記事を書くなり、短い文章でもポストするなり、とにかく発信すべきだというのが私の提案です。人は、何かに責任をもって発信しようとするとき、自分の主張を熟考し、論理的になります。自分の名前で何かを主張するということは、自分の発言に責任を持つということですから、当然論理的であろうとしますよね。だから、匿名ではダメなんです。自分の名前を隠さずに、自分のプライドを持って、きちんと意見を表明してほしい。そこから1人1人の小さな声が大きな声に変わり、「ロジカルコミュニケーション」が始まるわけです。

【監修者紹介】

高橋 昌一郎（たかはし・しょういちろう）

國學院大學教授、情報文化研究所所長、Japan Skeptics 副会長。青山学院大学、お茶の水女子大学、上智大学、多摩大学、東京医療保健大学、東京女子大学、東京大学、日本大学、放送大学、山梨医科大学、立教大学にて兼任講師を歴任。ウエスタンミシガン大学数学科および哲学科卒業後、ミシガン大学大学院哲学研究科修了。東京大学研究生、テンプル大学専任講師、城西国際大学助教授を経て現職。専門は論理学・科学哲学。主な著書に、『理性の限界』『知性の限界』『感性の限界』『フォン・ノイマンの哲学』『ゲーデルの哲学』（以上、講談社現代新書）、『20世紀論争史』『自己分析論』『反オカルト論』『新書100冊』（以上、光文社新書）、『愛の論理学』（角川新書）、『東大生の論理』（ちくま新書）、『小林秀雄の哲学』（朝日新書）、『実践・哲学ディベート』（NHK出版新書）、『哲学ディベート』（NHKブックス）、『ノイマン・ゲーデル・チューリング』（筑摩選書）、『科学哲学のすすめ』（丸善）、『天才の光と影』（PHP研究所）、『ロジカルコミュニケーション』（フォレスト出版）などがある。

【参考文献】

『情報を正しく選択するための認知バイアス事典ー世界と自分の見え方を変える「60の心のクセ」のトリセツ』（監修 高橋昌一郎　著 情報文化研究所（山﨑紗紀子、宮代こずゑ、菊池由希子）・フォレスト出版）／『情報を正しく選択するための認知バイアス事典 行動経済学・統計学・情報学 編』（監修 高橋昌一郎　著 情報文化研究所（米田紘康、竹村祐亮、石井慶子）・フォレスト出版）／『絵でわかるパラドックス大百科　増補第二版』（監修 高橋昌一郎・ニュートンプレス）／『Newton 2020年10月号』（監修 高橋昌一郎、著 三澤龍志・ニュートンプレス）／『Newton 2021年1月号』（監修 高橋昌一郎、著 三澤龍志・ニュートンプレス）／『Newton 2021年2月号』（監修 高橋昌一郎、著 三澤龍志・ニュートンプレス）／『愛の論理学』（著 高橋昌一郎・角川新書）／『ニュートン別冊 楽しみながら身につく 論理的思考』（監修・著 高橋昌一郎、著 山﨑紗紀子・ニュートンプレス）／『ニュートン別冊 パラドックス 思考の迷宮』（監修・著 高橋昌一郎・ニュートンプレス）／『感性の限界 不合理性・不自由性・不条理性』（著 高橋昌一郎・講談社現代新書）／『知性の限界 不可測性・不確実性・不可知性』（著 高橋昌一郎・講談社現代新書）／『理性の限界　不可能性・不確定性・不完全性』（著 高橋昌一郎・講談社現代新書）／『反オカルト論』（著 高橋昌一郎・光文社新書）／『「脳のクセ」に気づけば、見かたが変わる 認知バイアス大全』（監修 川合伸幸・ナツメ社）／『サクッとわかる ビジネス教養 認知バイアス』（監修 藤田政博・新星出版社）／『認知バイアス 心に潜むふしぎな働き』（著 鈴木宏昭・講談社）／『脳のクセを徹底活用！「認知バイアス」最強心理スキル45』（著 神岡真司・清流出版）

※この他にも多くの書籍やwebサイト、論文などを参考にさせて頂いております。

【STAFF】

編集 ―――――― 株式会社ライブ（齊藤秀夫／畠山欣文）
執筆 ―――――― 村田一成／青木聡／横井顕
装丁 ―――――― BOOLAB.
本文デザイン ――― 寒水久美子
DTP ―――――― 株式会社ライブ

眠《ねむ》れなくなるほど面白《おもしろ》い 図解《ずかい》 認知《にんち》バイアス

2025年5月1日　第1刷発行

監修者	高橋昌一郎《たかはししょういちろう》
発行者	竹村 響
印刷所	株式会社光邦
製本所	株式会社光邦
発行所	株式会社 日本文芸社
	〒100-0003　東京都千代田区一ツ橋1-1-1 パレスサイドビル8F

乱丁、落丁などの不良品、内容に関するお問い合わせは、
小社ウェブサイトお問い合わせフォームまでお願いいたします。
URL https://www.nihonbungeisha.co.jp/

Printed in Japan　112250418-112250418Ⓝ01（300090）
ISBN978-4-537-22282-1

（編集担当：坂）